U0477754

去规模化

小经济的大机会

UNSCALED

How AI and a New Generation of Upstarts Are Creating the Economy of the Future

[美]
赫曼特·塔内佳
(Hemant Taneja)
凯文·梅尼
(Kevin Maney)
著

杨晔
译

中信出版集团 | 北京

图书在版编目（CIP）数据

去规模化：小经济的大机会 /（美）赫曼特·塔内佳，（美）凯文·梅尼著；杨晔译．-- 北京：中信出版社，2019.11（2021.3重印）

书名原文：Unscaled

ISBN 978-7-5217-0817-2

Ⅰ．①去… Ⅱ．①赫… ②凯… ③杨… Ⅲ．①商业管理 Ⅳ．① F712

中国版本图书馆 CIP 数据核字（2019）第 227933 号

Unscaled: How AI and a New Generation of Upstarts Are Creating the Economy of the Future

By Hemant Taneja with Kevin Maney

Copyright © 2018 by Hemant Taneja

Simplified Chinese translation copyright © 2019 by CITIC Press Corporation

Published by arrangement with author c/o Levine Greenberg Literary, Agency, Inc

Through Bardon Chinese Media Agency

ALL RIGHTS RESERVED

本书仅限中国大陆地区发行销售

去规模化：小经济的大机会

著　　者：[美] 赫曼特·塔内佳　[美] 凯文·梅尼

译　　者：杨晔

出版发行：中信出版集团股份有限公司

（北京市朝阳区惠新东街甲 4 号富盛大厦 2 座　邮编　100029）

承 印 者：三河市科茂嘉荣印务有限公司

开　　本：660mm × 970mm　1/16　　印　　张：18.5　　字　　数：200 千字

版　　次：2019 年 11 月第 1 版　　印　　次：2021 年 3 月第 3 次印刷

京权图字：01-2019-2768

书　　号：ISBN 978-7-5217-0817-2

定　　价：66.00 元

版权所有·侵权必究

如有印刷、装订问题，本公司负责调换。

服务热线：400-600-8099

投稿邮箱：author@citicpub.com

向通用催化风投（General Catalyst）的伙伴们致敬

目　录

面向大众的匠心时代

福特汽车的流水线是工业经济时代开启规模化生产的标志，与之前制造汽车的小作坊不同，福特发明的流水线把汽车制造分解成上百个环节，福特公司雇用了大量工人，因而每个人只需要熟悉自己的那份工作，在流水线上保证几分钟之内完成自己的工序即可。规模化生产带来的变革令人震惊。相比于几个匠人用几个月时间制造出一辆汽车，福特的流水线几分钟就能造出一台，而且质量不再参差不齐。生产效率的大幅提升也意味着福特可以把福特 T 型车（第一款流水线生产的轿车）的价格一降再降，确保工厂的工人也能买得起。

规模化生产使大量有购买力的产业工人走上工作岗位，大众商品价廉物美，大众消费因此得以日益繁荣。当时有人问老福特，福特 T 型车有几种颜色可供选择，老福特的回答很经典：选择很多，只要是黑色的都可以。这恐怕是规模生产的大众消费品的一种局限（虽然现在汽车的选择要多得多），它不能满足消费者不同的品位。相比之下，匠人生产的产品会更独特，更有个性，更符合定制化的需求——不过注意，那一定只是富人的定制化需求。

价廉物美的大众商品与小众定制的匠人制造商品，在工业时代就好像鱼和熊掌，不可得兼。工业经济时代是大众商品大发展的时代，过去 50 年，规模化产业让更多人摆脱贫困，超过之前 500 年的总和。到了 2017 年，全球消费规模达到 43 万亿美元，占全球 GDP 的 60%，美国一国的消费就达到了 11.5 万亿美元，占美国 GDP 的 71%。

不过现在，我们正在从工业时代迈向数字经济时代，这样的大转型，能否让我们同时享有匠人的独到心思与规模化生产的价廉物美呢？

这恰恰是《去规模化》的一个主要论点。这本书的作者风险投资人塔内佳断言，后工业时代，去规模化就是为了满足全新的（其实也是长期存在的）个性定制化的需求。去规模化将开启一个廉价私人定制的时代，我把它命名为面向大众的匠心时代。

去规模化是数字经济时代带来的最大改变。

数字经济时代的一大特征是平台经济。高科技巨头所构建的电商、社交媒体、搜索等超级平台都让更大规模的外包成为可能。云计算就是一个非常好的例子。云技术出现后，企业发展最需要的计算与存储可以即插即用按需收费了。小企业不再需要担心在高速成长的过程中会遇到技术瓶颈，投资不足或投资过度都是小企业所无法忍受的。

平台发展到了极致，会把企业的所有中台和后台都外包出去，缩小企业的边界，让创业者只关注两件事：了解客户的需求，专注于产品和服务的研发。而企业管理的其他方面，比如财务、融资、渠道、物流、客服，都可以交给平台去处理。平台成为好创意和好产品的孵化器和发射器，平台会成就“去规模化”，让初创企业也能够与规模化制造商一较高下。

“去规模化”也是从工业经济向数字经济转型的必由之路。

无论是规模化生产还是规模化教育，本质上都是工业经济的产物。规模可以让大规模生产做到价廉物美（物美是符合大众审美的，或者说是教育大众学会审美）。而规模化的教育，无论是按年纪分班，还是从小学到中学一步一步地进阶，抑或是标准化的考试，目的都是为了培养出素质差不多的人。在工业化早期，教育的目的甚至更明确：为工业化生产培养高素质的工人。显然，这种模式培养出来的标准化人才将无法适应数字经济的需求。人工智能首先取代的工作就是标准化的工作，人工智能的大发展，需要未来每个人都能挖掘出自己的特点，即自己不同于机器的特质——创造性思维、处理复杂问题的能力、同理心和质疑精神等等。“去规模化”的教育，就是按照每个人的特点和需求定制的教育，这将会成为数字经济的必然。

数字化经济本质上是用大数据分析和人工智能不断替代标准化的流程和工作。如果想要在数字时代胜出，必须多元化、差异化。

书中梳理了不少将发生巨大改变的产业。比如，未来消费品的生产者，需要找到喜欢自己产品的小众人群，甚至做到千人千面，私人定制。而医学领域，最有潜力的发展方向将会是根据每个人的基因属性和健康数据得出个性化医疗方案，而且会逐渐转向健康咨询和疾病预防。教育自不必说，在线教育已经如火如荼，未来教育的发展会更明确线上和线下的区别：线上教育提供不断更新的内容，供学生在人工智能的帮助下自主选择学习的路径和节奏；学校则是学生进行社交和培育情感的空间，也是他们养成学习习惯的好地方。

对于个人而言，去规模化的时代也将是一个个性解放的时代。工作的改变将会加速，自由职业或者跨界工作将成为常态，找到有别于机器的创造性或者社交力将成为未来职业发展的重心。随着平台从虚拟世界渗透到实体行业，创业的机会将会更多，创建多元化的小型企业也会变得更容易，只要创业者有好的创意并且能抓住明确的小众市场。

去规模化还将带来管理创新，或者说管理思维的回归。规模经济塑造了巨型企业，但随着公司变大，管理的架构和流程会变得越来越复杂，很多公司可能迷失了方向，远离了为客户生产优质产品的初心，把时间和精力浪费在流程、官僚架构、内部政治、管理股价等一大堆无意义的事中。

船小掉头易，一方面，去规模化会驱使大企业把自己分解成更多小团队、小单元，从而更敏捷地了解客户需求，洞察市场变化。大公司也会变得像初创公司那样能够灵活决策，而不是被官僚主义和流程拖后腿，即使决策被证明是错的，小团队的试错成本也会大大降低。

另一方面，去规模化也可能把大公司的规模化生产优势与小公司的持续创新结合起来。在这样一个去规模化的时代，福特公司的未来很可能是一个开放式的汽车制造平台，让各种小公司，甚至个人制造自己设计的或者符合自己独特品位的汽车。

这，只是《去规模化》开启的新思维的一例。

吴晨

《经济学人·商论》执行总编辑

一

别了，规模经济

1

了不起的去规模化

在整个 20 世纪，在技术和经济的驱动下，一个主导性逻辑产生了——“更大的”几乎总是“更好的”。在全球范围内，我们的目标是建立更大的企业、医院、政府、学校、银行、农场以及电力网络和传媒集团。像这样扩大规模是明智的，因为这能充分利用传统规模经济的优势。

而在 21 世纪，技术和经济催生了相反的逻辑——商业和社会的去规模化。它的影响远不止初创企业撼动行业原有企业巨头。这种动态正在将 20 世纪所有的规模化的产物改造为高度集中的市场。人工智能（Artificial intelligence，以下简称 AI）与基于 AI 的技术浪潮使得创新创业者能够有效地利用我所说的去规模化经济，与规模经济进行竞争。这一巨大转变正在重塑诸如能源、交通和医疗保健等体量庞大、树大根深的行业，为企业家、富有想象力的公司以及资源丰富的个体开辟无限可能。

如果你感到工作、生活和政治都处于混乱的状态，那么这一切的原因正是这种转变。我们正在经历自1900年以来前所未有的变化，那时候一波包括汽车、电力和无线电通信在内的新技术改变了人们的工作与生活，这点我将在后文详细论述。现在，我们正在经历类似的开创性技术浪潮，像AI、基因组学、机器人学和3D打印技术这样的科技正在融入我们的生活。AI是主要的驱动因素，其几乎改变了一切，正如100多年以前带来巨大变化的电力一样。我们正在见证AI世纪的诞生。

在由AI和数字技术驱动的经济中，小型、专业、灵活的企业能够利用技术平台有效地与规模巨大、面向大众市场的经济实体进行竞争。小型企业之所以能够这样做，是因为它们可以搭乘之前企业建造的规模成果的便车。小企业能够租用云计算服务，能够通过社交媒体平台与消费者取得联系，能够向世界各地的承包生产商下订单，它们还能够利用AI自动执行许多任务，而这以前往往需要投入昂贵的设备和大量人力。

由于AI是能够学习的软件，它可以研究客户的个性化需求，它还能帮助公司利用租赁式技术平台轻松地打开小范围的、蕴藏销售潜力的小众市场。旧式规模经济正让位于微型经济。这就是去规模化的本质：技术正使得规模生产和规模营销贬值，赋新机于私人定制的微型生产和精细定位市场。

通过规模化打败竞争对手的旧策略如今在很多情况下会成为债务和负担。宝洁公司拥有丰富的资源，却发现自己受到新兴企业 1 美元剃须俱乐部（Dollar Shave Club）的冲击，后者能够租到它需要的各种服务，从而快速打开市场，瞄准特定受众，并在必要时灵活改变发展方向。通用汽车正在追逐特斯拉。大型连锁医院不知如何应对 AI 驱动的专科病指导软件，例如针对糖尿病的软件。去规模经济正变得越来越有竞争优势。

作为风险投资家投资初创企业时，选择去规模化企业是我的核心投资理念。我投资、帮助建立了一些能够利用 AI 和其他引人注目的新科技（机器人学和基因组学等）的公司，这些公司能够从规模经济中辟出业务和客户。通过遵循去规模化的哲学，我们公司早早地投资了一些突破性公司，例如色拉布（Snapchat）、条码支付（Stripe）、爱彼迎（Airbnb）、瓦尔比·派克眼镜公司（Warby Parker）和诚实公司（The Honest Company）。去规模化理念也引导我帮助诸如可汗学院（Khan Academy）、先进能源经济（Advanced Energy Economy）这样的非营利性组织，它们分别重构了教育行业和电力设施行业。这些行为使我广泛而深入地认识了去规模化。

我资助的一家公司利沃戈（Livongo）为洞悉 AI 和去规模化的

运作提供了一个缩影。利沃戈（意为“忙碌的生活”）指明了去规模化在提升效率的同时降低医疗成本的方法。美国每年在医疗上花费3.5万亿美元，约占国内生产总值的18%，比任何一个国家花的都要多。公民、企业领导者和政治家迫切地希望控制这些成本，但又不愿降低医疗保健的质量。AI和去规模化在一定程度上能够发挥作用：它们通过将医疗保健更多地转向个性化用药，从而帮助防止更多人得病。

2014年，我帮助格伦·塔尔曼顺利建立利沃戈，作为该公司的首席执行官，他是领导公司的领军力量。塔尔曼生于芝加哥城郊区，在大学里学习了经济学和人类学，这样的教育背景对于在技术领域取得成就的首席执行官来说并不寻常。毕业后，塔尔曼经营过几家软件公司，1997年，他找到了一份工作：扭转正苦苦挣扎的麦赛斯医药公司（Allscripts）的困局。麦赛斯成立于1982年，是一家医师计算机系统公司，十余年来它一直在生产医疗实践软件。塔尔曼和他的团队重新使麦赛斯聚焦于开发软件上，后者开发出了旨在使医生稳妥地通过电子化的方式开出处方的软件。在花费了两年时间改进麦赛斯之后，塔尔曼带领估值20亿美元的麦赛斯上市，他在该公司担任首席执行官直至2012年。

我与塔尔曼的相识始于我们都独立投资了一家名为“人类医疗”（Humedica）的医疗数据分析公司，这家公司在2013年被联合健康集团（United Health Group）收购。这家公司被出售后，我希望继续与塔尔曼合作，于是我们开始在医疗保健领域寻求一个契机。

塔尔曼对糖尿病非常感兴趣。对于在医疗领域里的初创者而言，糖尿病是一种在世界上快速增长的疾病，单单美国就有超过 3 亿糖尿病患者，这里孕育着巨大商机。我们也了解到，糖尿病是一种可控的疾病，只要患者足够小心谨慎便能够非常正常地生活。另外，对塔尔曼而言，这一疾病也涉及他个人。塔尔曼说："我最小的儿子在他 8 岁的时候被诊断患有 1 型糖尿病，而我的母亲患有 2 型。我的生活深受糖尿病影响，我苦苦思索如何才能使人们保持健康。"[1] 患有糖尿病的人需要一直购买昂贵的试纸，并每天数次戳破指尖将血液滴到试纸上以分析他们的血糖。整个过程中存在诸多难题：试纸价格不菲，人们并不愿意自己扎指尖，除此之外，一旦血糖值激增或猛降，患者便有可能昏倒或者发病。长此以往，这一疾病也会诱发其他并发病症，比如视网膜脱落导致的失明、肾病和心脏病，因为人们难以有效地照料自己。

塔尔曼和我进行了头脑风暴，并想出了一些方法来改善这一状况，思路如下：倘若我们能使人们利用我们从硅谷获得的各种精妙的创新发明，从而在健康系统的基础上减少在疾病上花费的时间，麻烦不就消除了吗？我们偶然遇到了一位发明家，他发明了一种能够将血糖值通过无线网络发送给医疗专家的无线血糖仪。塔尔曼获得该技术后，我们于 2014 年成立了利沃戈，为糖尿病患者提供服务。

利沃戈的方法简单而专业。利沃戈会向患者发放一个小型移动设备，这既是血糖仪又是计步器（因此它可以监测患者的运动情况）。它利用蜂窝网络，通过云端服务将数据传回利沃戈软件。当患者测试血糖水平时，利沃戈设备会传回数据，利沃戈的 AI 驱动系统便了解了这名患者的情况。倘若该系统发现数值到了会引发问题的状态，便会向患者发送消息，提醒患者该吃些什么或外出走一走，以及任何有可能起到帮助作用的注意事项。倘若系统判定存在严重问题，患者便会在几分钟内接到健康专家建议他 / 她去检查自己血糖的电话。

正如你可能想象的那样，塔尔曼为他的儿子萨姆申请了这项服务，因此老塔尔曼便拥有了自己的第一手体会。在撰写本书的时候，萨姆正 21 岁，效力于宾夕法尼亚大学足球队。塔尔曼回想起他最近在宾夕法尼亚大学的一场足球比赛前见到萨姆的情景：“我到那儿的时候，萨姆对我说：‘老爸，我有件超赞的事情要告诉你。’我以为这件事是关于足球、运动或者女孩子的，结果他对我说：‘我经历了我的第一个利沃戈时刻。’我说：‘听起来不错，但那到底是什么意思呢？’然后萨姆告诉我：‘凌晨 4 点的时候，我醒了，我的血糖值达到了37。’他有1米9高，重达240磅[①]。他知道对他来说血糖值达到那个程度是很危险的。他说：‘我不知道怎么办好，我的室友出去了，我不知道是不是要打911求助。这时候我的电话响了，是凯莉打来的。’我问他：‘凯莉是谁？’萨姆说：‘她为你工作噢，她是你们平台上的一名认证糖尿病教育者。她通过这个软件告诉我慢慢挪到冰箱那儿去。如果我昏过去，她会替我拨打911求助，但我缓过来了。’萨姆接着说：‘我突然意识到，你的工作也能让人们感到不再孤独无助。’”

利沃戈为人们对抗糖尿病提供了一种新途径，通过传统的医疗渠道这是难以实现的。利沃戈并没有替代医生，但它能够帮助糖尿病患者控制自己的生活、减少对医生和医院的依赖，这最终为患者个人以及全社会的医疗保健节省了大笔费用。但为什么说这是去规模化呢？

在过去的四五十年里，高碳水化合物含量的饮食导致了许多人肥胖成疾，最终患上糖尿病。这种饮食方式是由大众畅销食品和规模化营销推动的，这些被营销的谷物和饮料往往都含有果糖含量高的玉米糖浆。医学界将大多数糖尿病患者归为两类，1型由遗传导致，2型与饮食相关，并据此规定了标准化的治疗流程。它

① 1磅≈0.453千克。——编者注

使用了经典的常规医疗方法。因此，医疗保健行业不断扩大规模以满足患者的需求。糖尿病中心和更多医院涌现了出来，在患者们每年数次找内分泌医生复诊时，对他们进行流水线式的身体检查。然而对于患者而言，在预约检查日之前，自己的血糖水平也会发生变化：上升或者下跌至危险水平；疾病本身也会发展，而这增加了患者的花销以及去医院的次数。单是在美国，医疗保健体系每年要为遭受糖尿病折磨的人群花费 3 000 亿美元（在全球范围情况甚至更加糟糕，10 年内，中国的糖尿病患者数量很可能会超过全美国的人口总量）。在这样的条件下，规模化的方法难以应对不断增长的患者量，也无法为糖尿病患者提供他们真正想要的——健康的生活。

实际上，每位糖尿病患者都有不同的痛楚，而治疗的最佳方式就是给出具有针对性的方案。所以，初创公司利沃戈能够通过智能手机和云计算等技术平台，迅速推出产品并在全美国范围内（最终会在全球范围）推广。来自患者的数据使得利沃戈能够提供更加个性化的服务，这使得患者感觉自己是受到特殊关爱的客户，而非大众市场中微不足道的个体，这样的理念更能取悦客户。这些科技使得利沃戈能够与强生公司、联合健康集团这样的行业巨头巧妙地进行竞争，并迅速赢得它们的客户群，以此赢利。

个性化的 AI 关怀能够为美国节省高达数千亿美元的花销，只要多花点儿时间便能使更多糖尿病患者保持健康。去规模化的解决途径改变了局面：既降低了医疗保健的花销又改善了人们的健康状况。国家因此一方面能够借此节省开支，另一方面又能使得公民更健康、更幸福、更富生产力。

利沃戈是一个缩影，映射出全世界范围内一个又一个正在发生变化的行业。

一个多世纪以来，规模都很重要。规模经济具有竞争优势，其原理是这样的：倘若一家公司花费 10 亿美元开发一个实体产品并为之建立了工厂，那么均摊到这个产品上的成本就是 10 亿美元，而倘若这个公司生产 10 亿个同种产品，那么开发的成本便是 1 美元。所以规模化使得公司在竞争中更具成本优势。它还带来了其他优势，比如使得公司具备与供应商以更低价格谈成交易的能力，以及利用大众媒体投放广告的资本。一旦公司有了规模、积累了优势，这种规模对于竞争者来说就变成了巨大的障碍。后来者需要花费极高的成本才能建立同等的规模，才能有效地与高度规模化的现存企业进行较量。

在很长的时间里，规模化对于社会的方方面面而言都是一件纯粹的好事。规模化成就了全球银行、航空旅行、全面医疗以及互联网等伟大的事业。在过去的50年里，规模化产业使得更多人摆脱了贫困，数量超过之前500年的总和。

我们现在正在创造的世界将以全新的方式运转。小型初创公司使行业巨头陷入困境，已经变成了常规化的事件。全心全意服务于特定客户群体所带来的收益，超过了致力于使大众群体基本满意，因为谁不愿意拥有为自己量身定制的产品或服务呢？这一点能够从我们已经熟知的案例中看出，例如优步颠覆了长久以来的出租车公司制度，爱彼迎甚至超越了像万豪这样的豪华酒店集团。我们已经知晓，习惯于作为行业巨头的大型公司和老牌企业，也需要警惕由两三人在车库启动的初创公司。现在去规模化正变得系统化，并开始分解当前经济形态的各个环节。正如我将在本书中论述的那样，规模与成功之间的关系正在反转。赢家将是那些善于利用去规模经济的人，而非依赖传统规模经济的人。这种趋势在2007年左右开始显现，并将持续20年。

按照去规模化逻辑运转的世界究竟能否造福于绝大多数人，取决于我们从现在开始做出的选择。技术的责任、教育的作用、工作的本质，甚至对人的定义都将成为重大而困难的选择。我们需要确保去规模化革命能够广泛造福社会，而非仅仅有利于富人或者拥有先进技术的群体。这些都是沉重的责任。

虽然这些都是我们必须聚焦的严肃问题，但绝大多数关于去规模化以及相关技术的新闻都是积极的。我们正在开创一些解决世界严峻问题的新方法，这些问题包括气候变化和飞涨的医疗保健成本。倘若我们做出正确的选择，去规模化便能消除许多由大众工业化带来的弊端，帮助人类创造一个比过去更美好的未来。但是在这条路上，我们才刚刚起步。现在预测 AI 和去规模化的全面结果，正如退回到 20 世纪 80 年代预测个人计算机的影响，那时候微软抓住了机遇，把握了当时听起来不可思议的理念——在每家每户的每张桌上都放上一台计算机。去规模化一定会成为我们的未来，以及强大的 AI 技术发展的结果。夸大它的作用和否定它的价值都是不负责任的行为。我们应当更好地理解即将发生的巨大变化，指引它的到来，并收获它所带来的回报。

强大的 AI 和去规模经济力量可以追溯至 2007 年，同一时期，苹果手机（iPhone）、脸书（Facebook）和亚马逊云服务（Amazon Web Services，AWS）这些先锋科技产物开始飞速发展。归功于这些产物，更多工作和生活场景被转移到线上，数据的数量呈指数级增长。一开始，这种信息爆炸似乎仅能为商业提供更多数据，我们甚至将之称为“大数据”（Big Data），似乎它的价值仅止于此。但随后大数据变得更有价值，它成为经历了漫长而充满失败的历史的AI得以真正改变世界的关键。其他新技术，如虚拟现实（Virtual Reality，以下简称VR）、机器人学以及基因组学等，现在也迎来了突破式发展，所有这些都是由AI驱动的（关于这一点，我将在下一章深入论述）。

这些技术正在成为全球平台的基础。人类正在为子孙后代打造平台——州际高速公路系统、互联网、移动网络、云计算服务和社交网络，所有这些都是平台。平台之所以重要是因为它们能够减少个体的工作量。例如，货运公司要运输大量啤酒并不需要先修路；应用（app）制作商向消费者推出应用软件并不需要先建设移动网络或者应用商店。我们建造出的平台越多，公司和个人为了开发、生产、营销、运输产品所需要做的便越少。

在20世纪的绝大部分时间里，虽然有一些像高速公路这样的平台已经建成，但大部分公司仍需要自主承担许多任务。这种需求催生了垂直一体化公司。垂直一体化需要众多为了使商品能从一个概念被开发出来并传递至消费者手中而存在的部门。一家公司可能需要能够开发产品的实验室、生产产品组件的工厂、组装组件的工厂、配送系统，甚至零售商店。这就意味着建立大规模公司需要花费时间和大笔资金。一旦建立起来，这些大规模的成型公司对于后来的竞争者来说便成了行业壁垒，因为再想达到那样的规模是十分困难的。

到了20世纪90年代，伴随电脑、互联网的广泛使用以及全球化的发展，我们开始在垂直一体化公司之间发现机会空隙，这便是去规模化的雏形。公司发现它们可以将自己的功能外包给其他公司，甚至其他国家。这种连接性的外包动态正符合《纽约时报》专栏作家托马斯·弗里德曼所说的“世界是平的”。我们运用新技术建造的平台越多，能通过这些平台完成某些工作或者任务的公司便越多，准入的门槛也越来越低。新加入的竞争者可能规模更小，但由于能够利用平台的力量因而并不显得弱小。看看那些像线上眼镜公司瓦尔比·派克、杰西卡·阿尔芭的诚实公司这样的行业新星，是怎样快速利用互联网将产品销售至全球市场，与已存在的眼镜商和消费品巨头展开竞争的吧。由初创公司驱动的新时代已初步成型。

2007年前后，平台创建加速。智能手机和移动网络使得新服务和产品几乎能够到达任何地方、任何人手里。社交网络爆炸式的发展，为公司提供了找寻客户群体，并向他们投放广告的新途径。云计算意味着任何公司都能即刻建立起计算密集型数字公司，而其在购买一台电脑，在亚马逊网站上设置几项参数，输入信用卡卡号后，便可以开始全球销售之旅。同时，更多生意也以数字的形式进行。数码业务特别适合利用平台即时创造、制作、营销产品并将其输送到全球各地。由于越来越多的商业行为数字化了，公司得以收集近乎一切数据，这些数据涉及消费者、产品、交易、物流。这些数据使得软件和平台更加聪明，并创造出加速发展的良性循环。更多数字平台建成，更多交易转变为数字交易，更多数据产生，伴随这一势头的迅猛发展，我们到达了拐点，开始重塑商业的动态性。

到了 2017 年苹果手机问市 10 周年时，这些平台几乎能够满足交易过程中的一切需要。一个人在自己家的地下室里就能够开展全球贸易，其可以通过租赁一切来与行业巨头竞争，而在过去，大企业往往需要自己创造这些条件。瓦尔比·派克公司能够通过云服务得到计算力，通过社交网络和搜索引擎与消费者互动，通过合约生产商生产商品，通过联邦快递公司和联合包裹服务公司运输眼镜。这就是去规模化的本质：公司能够通过现有平台实现规模化，而不再需要自己搭建全部环节。这就改变了一切。

值得一提的是，去规模化才刚刚开始。由于 AI 和其他新技术的出现，以及平台的发展，尚待完善的微小企业服务客户的方式是大型的、面向大众市场的公司所难以想象的。企业家们依托平台，瞄准利基市场，迅速地生产出具有高度针对性的产品，然后在全球各地找寻具有浓厚兴趣的客户群体，并向他们销售商品。

这之中产生的利润空间，在过去，只有通过规模经济才能实现。受制于自身庞大规模的大型公司，会发现自己越来越难战胜颇具个性、快速变化的商品和服务。这就是为什么 AI 和去规模化的力量正在瓦解 20 世纪的经济形式，并以完全不同的方法对其重塑。

受去规模化支配的 AI 引擎的出现是一个非常了不起的科技故事。2007 年，苹果公司推出了苹果手机。在此之前，也有像黑莓、诺基亚这样的智能手机，但它们与苹果手机的功能相差甚远。更重要的是，苹果引入了应用程序的概念。在接下来的 10 年里，手机从一种辅助工具转变为人们使用软件、数据和联结服务的主要工具，这主要是通过云计算实现的。在 2007 年之前，甚至可以说在 2010 年之前，云计算还是一个大部分人并不理解的抽象刻板的科技概念，而现在大部分人都知道，这个术语指的是，我们所使用的大部分数据和软件都源自某个巨大的数据中心内的电脑，我们通过无线网络与之相连。

大量其他的技术平台在 2007 年左右出现，并在之后的岁月里逐渐稳固。当使在线购物得以实现的亚马逊在 2006 年启用亚马逊云服务时，它使得每一位软件开发者能够推出以云为基础的软件产品，从而成为企业家。脸书在2004年成立，但直到2007年，它才作为一个平台正式开放，从而使开发者能够在其基础上开发应用软件。综上，2007年可以被称作AI革命的元年：通过移动计算、云计算和社交网络化的结合得以实现。在2007年，10亿出头的用户在使用互联网；到了2016年，这个数字变成了30亿。而智能手机的用户从2007年社会里的一小群人，变成了2016年超过25亿的用户。[2]

新平台使新一代企业家得以重新构想生活的方式，开发出颠覆性的应用。这些平台囊括了照相机、手电筒、地图、出版物、音乐的功能（这些现在都在你的手机或云里）。得益于智能手机和云，特拉维斯·卡兰尼克和加勒特·坎普能够将他们在巴黎等的士的沮丧之情转化为颇有价值的产物：通过软件重新定义打车，也就是我们熟知的优步。基于云基础的社交图谱概念，爱彼迎的创立者探索出将人通过地点联结在一起的方法，创造了充满信任的系统。一对年轻的爱尔兰兄弟，约翰·科里森和帕特里克·科里森发现了通过云使开发者在全球各地都能收款的方法，于是建立了条码支付公司。埃文·斯皮格尔认为通信是一种应当比当前的网络交流更为虚无的东西，因而开发了色拉布。

10年来，一些重要的技术平台彻底改变了30亿人工作和生活的方式。正如前文所说的，社区和商业活动持续线上化，我们正在以前所未有的状态收集数据。这些数据包括你购买的东西、阅读的内容、认识的人以及你的行踪轨迹。这些数据启发了公司，使它们生产了更多新产品、提供了更多新服务。数据也推动了 AI 软件学习功能的发展，这是因为用得越多，AI 软件的学习能力就越强，每一次互动都教会它更多，软件因此朝着设计的初衷不断完善。

我并不完全理解 2007 年发生了什么，并且几乎就错过了这个机遇。让我来解释一下原因，以及我是如何回过神来意识到去规模化的力量的。这个故事要从新德里开始说起，那是我长大的地方。

我的父母明智地意识到，像我们这样的家庭在印度是难以获得公平竞争的环境的。他们没有资源为我和妹妹提供世界一流水平的教育。因此，当我的叔叔提出帮我们获得美国绿卡时，我的父母为了让妹妹和我能够有机会在一个更为平等的社会里成长，赌上了一切。这是我们一家所承担过的最大的风险，很可能也是因此，我理解了为预测事物可能发展的前景而承担风险的价值，这也正是我作为风险投资家所切实做的。

我们早年在美国的生活并不容易。我们的家是马萨诸塞州布鲁克林市的一间地下室。睡在锅炉旁边也并不是一件愉快的事。更为甚者，高中的时候，我必须在当地的便利店打工，工作足够长的时间来补贴家用。但这一切对我来说并没有那么艰难，因为我在新学校里充满了动力。来自印度的我，惊奇于我现在有机会选择任何自己想上的课。在印度，我们不能选择课程。在美国，我学习得非常投入，自己找方向、自己掌握节奏，在高中阶段我就完成了大学一年级所需要学习的科学和数学课程。我的经历伴随着我，也影响了我看待由 AI 驱动的去规模化的时代的个性化教育方式。

来到麻省理工学院后，我继续保持自己掌握节奏、自我指导的思维方式。我决定以我自己的步调学习，去尽可能多地听不同院系的课。我很早就意识到，做一名成绩优异的学生虽然很了不起，但从长远来看却并不重要。所以我时常逃课，我经常和我的朋友萨尔·可汗开玩笑，说这些课对我来说不是进度太快就是进度太慢。怎么说呢，那至少是我逃课的理由。几年后，萨尔便开始打造可汗学院，这是一个自我掌握学习节奏的平台，他的初衷是改变教育的方式。

到了高年级的时候，我已经听完了大量课程，但我修得的学分不足以达到任何院系的标准。（最终，我从麻省理工学院毕业的时候拿到了 6 个完全不同学科的学位。）我想了解不同的学科，并以跨学科的方式进行思考。在我的职业生涯里，这种“系统思考”的方式帮助我将经济各领域的信号结合起来，从而看到更大的图景。

2000 年时，移动网络技术的发展启发了我，使我放弃了在麻省理工学院继续攻读博士学位。这件事我的妈妈迄今都没有原谅我。我开始在移动领域做生意，我和一些朋友一起，开了一家软件公司，我们开发一些工具以简化移动应用的开发过程。我们的目标是帮助开发者们从源头上改写 20 世纪八九十年代的软件，使大众能够更为轻松地使用软件。

现在回想起来，我们当时过早地放弃了目标，几年后就卖掉了那家公司。当时手机和通信网络仍未充分发展，虽然它们已经出现了 6 年，但还不足以让我们预测到之后的一切。卖掉这家公司之后，我在 2001 年加入了通用催化风投这家波士顿地区历史悠久的风险投资公司。我开始投资传统软件业，但我投资的那些公司影响力有限。于是我开始寻找全新、更宏伟的前沿行业，我决定在能源领域进行挖掘，致力于解决气候变化问题。我嗅到了移动社交云革命的气息、看到了 AI 的前景；我在 2006 年左右投身能源行业，部分原因是我认为软件技术已经停滞不前。但投资能源行业也对我理解去规模化大有裨益。在受监管的行业里，公司常常被鼓励为监管机构服务，而非为客户服务；受监管的行业的经济规律使得企业几乎没有创新的动力。这会导致像能源行业这样的受监管行业，成为拥有新鲜想法的企业家们想要颠覆的目标。

随着我投资的科技领域公司越来越多，我的经验也越来越多，我发现其中有一种共性——我涉猎的每个行业所经历的转变并非独立的；相反，全球经济正在进行一场转型，并改变了所有行业和部门。我们正从销售面向大众的产品转向销售高度个性化的、取悦少数爱好者的产品，这些产品的价格往往还低于面向大众的产品。当然，客户会选择个性化的产品而非大众产品，因为个性化产品顾名思义是针对每个客户生产的。去规模化的思维为人们带来了一个问题：怎样才能取悦每一位消费者呢？与 20 世纪的思维方式（何种商品能够满足大多数客户群体呢？）相比，这是非常大的变化。

当我意识到这种转变正在发生后，我搬到了硅谷，以便进一步接近那些驱动去规模化的企业。我的第一笔投资给了条码支付公司，它的创始人也在同期从波士顿搬到了旧金山湾区。条码支付公司专注于帮助新电商轻松地进行收付，为地球上任意地区的小型企业提供通常大银行才能提供的交易便利，而这一切都依赖于软件，其费用也比银行的收费少得多。从那时候起，各种各样公司的后台都能与世界五百强公司的一样轻松地运行了。这种平台使得初创公司能够聚焦于真正重要的事情上——以优质的产品和服务来满足客户的需求。

我对于未来的看法在2012年一次难忘的会议上发生了实质性转变。我们的公司雇用了一名从斯坦福毕业的应届生，他告诉我们有几个在校大学生正在开发一个有趣的软件，它的用户们在发送文字和图片之后，这些内容会自动消失，这个软件就是之后被称作色拉布的软件。我们组织了一次与这两名学生埃文·斯皮格尔和鲍比·墨菲的会面，并即兴聊了他们的点子多么令人印象深刻。埃文让我意识到，近20年来，我们的数字对话方式都太反自然了：在人类历史的大部分时期，我们与其他人交谈的内容并不会被记录下来。这些内容既不能被复制，也不能被发送给其他人，更不能用于广告推送的分析。换句话来说，它与电子邮件、脸书发文、网上聊天或微博都不一样。色拉布给用户的体验是，它的对话更像是面对面的而非线上的通信：不会留下记录，也无迹可寻。

那就是第一个我突然意识到的重要想法——我们正在进入一个技术终于能够以人类处事的方式运作的时代。从那时起，我重新思考了我对技术的认知，并察觉到我们即将重新创造一切。从2007年到2017年，多亏了手机、社交网络与云技术，计算功能和连接功能无处不在。我们可以通过云技术获得一切所需要的计算服务。

摩尔定律早就描述了计算变革的速度。硅谷先驱和英特尔公司的联合创始人戈登·摩尔在 1965 年解释道，微处理器中晶体管的数量每 18 个月就会翻一番，而价格维持不变，这就意味着计算能力会在价格不变的情况下每 18 个月提升一倍。[3]这种动态使得计算机不间断地变得更好、更便宜，走进人们的日常生活之中。

到了 20 世纪 80 年代，以太网（最早的计算机网络系统之一）的联合创始人鲍勃·梅特卡夫指出，网络的价值与它接入用户数的平方成正比。指数动态指的是从 1995 年到 2015 年间，超过 30 亿用户连接至互联网，互联网的能力和价值呈爆炸式发展，产生的社会、经济影响力远不是接入用户的数量可以体现的。摩尔定律使得计算变得成本低廉、易于获取，所以现在任何人或者事物都能够拥有计算的能力。梅特卡夫定律使得内容、社区、商业线上化变得富有价值。这些技术是推动变革的难以置信的强大力量。但现在摩尔定律和梅特卡夫定律出现了收益递减状况。物理规律表明微处理器已不能变得更小、更快，而倘若世界上大部分有需求的人或事物已经连接至互联网，那么梅特卡夫定律带来的收益也会逐步降低。

但现在，后摩尔 / 梅特卡夫动态正在生效。云技术就是摩尔定律和梅特卡夫定律的交叉点，数据、计算资源和连接性在此融合。如今，任何人都买得起小到可以随身携带、嵌于一切事物之中的微型处理器，由于几乎每个人和所有事物都连上了互联网，我们因此可以实现实时反馈循环。这种反馈循环有益于去规模化，因为它使 AI 驱动的软件能够持续了解用户以及世界，因而公司便可以精准地获得客户的个人偏好。

在摩尔定律和梅特卡夫定律的交叉点，经济的去规模化与连接至云平台的接入点数量成正比。经济体去规模的能力伴随云平台的新接入点呈线性增长。这些趋势线聚集在一起，推动了新技术时代的到来。

我们在 20 世纪初便经历了类似的大革命，当时电报、电话、电视、汽车、飞机和大规模的电气化将世界由缓慢、本地化的生活方式颠覆为快节奏、全球化的方式。任何一个生活在 19 世纪后期的人都无法理解 20 世纪 20 年代的世界。

经济学家卡洛塔·佩雷斯在她颇具影响力的著作《技术革命与金融资本》中写道："当技术革命袭来时，它所做的不仅仅是在之前的生产结构上加入一些动态性产业。它为当前所有的产业和活动都提供了现代化的手段。"根据她的构想，现在我们正处于 AI 驱动的去规模化过渡阶段，"在此期间，革命性的行业和基础设施将逐步冲击已建立起的范式。"[4] 佩雷斯指出在接下来的 20 年里，这场革命将迎来转折点，并转向部署阶段，“最终带来完全不同的生活方式”。

在我写这本书的时候，许多企业（包括美国国际商用机器公司、谷歌、脸书、亚马逊和苹果），都在相互竞争、打造 AI 平台。类似的竞争包括开发 VR 和增强现实（Augmented Reality，以下简称 AR）平台。物联网、基因组学、区块链和 3D 打印也是如此。所有的这些技术以及更多其他技术很可能比 2007 年的移动通信、社交网络、云技术的发展更为重要，它们将对彼此产生复合效应。

每一种产业都会受到影响，即使是那些在数字转型浪潮中看起来老旧而难以渗透的产业，比如医疗保健和能源产业，甚至政府管理方面也会受影响。如果说从 2007 年到 2017 年，去规模化的能量才刚刚显现，那么从 2017 年到 2027 年，它的能量将增长 10 倍，因为我们正在创造的技术会产生复合效应。

虽然我们不可能预测到去规模化的全部结果，但却能够料想到去规模化世界的一些方面。将手机、云、物联网、增强现实技术、软件和 AI 放在一起，我们便得到了完全联系起来的、机械化的世界，这最终创造了一个由人、地点和事物组成的全球体系。

我们将能够获得几乎关于任何事物的数据，并更多地了解到世界的宏观和微观层面都是怎样运行的。

去规模化将包括从“拥有某物”到“获取服务”的过渡。举个例子，交通将成为一项按需分配式的公共事业。对于大多数人来说，养车都是一笔很大的开支。如果你住在城市里，那么你可能并不需要拥有一辆汽车。你可以使用优步等公司的服务。拥有无人驾驶汽车的人会让他们的车加入优步（或者后建立的此类公司），否则这些私家车将闲置 90% 的时间。在未来的 20 年里，马路上和停车场里的汽车数量很可能会减少，相应地，因为交通事故而死亡的人数（当前美国每年会有 3 万人因车祸而丧生）也会急剧减少。

对于大多数人来说，成功的关键在于创业：自己开公司，通过云平台根据雇主的需求出售服务。这种模式不仅适用于企业主，它是面向所有人的。无论好坏，依赖传统全职工作的人将越来越少，而拥有自己的生意、一辈子经营各种小型事业的人会越来越多。

全球将有更多的人通过点播服务接受教育，无论是基础教育（K12）、大学教育还是终身学习，都可以通过设备完成，或最终在 VR 中实现。这已经在发生了，那些来自可汗学院和课程时代（Coursera）的 AI 指导课程已经为大学教育提供了补充，帮助用户进行终身学习。不久之后，去规模化学习将会打乱由大型学院、大型高中构成的高度规模化的教育系统。很多直到今天还在努力偿还数万美元学费债务的人，可能已经开始怀疑大学四年的价值。

医疗保健正从当前的应对状态转向预防的状态。未来，新生儿都要进行基因测序，这些数据将有助于预测疾病。物联网设备能够监测人的生命体征和活动，从而在初始阶段便发现问题。通过手机或其他设备上的“医生”智能程序，你便可以获得初步诊断，必要时这些程序还会引导你去求医问诊。医疗保健将发生颠覆性的变化：由在健康问题显露后进行治疗，转变为在问题出现时便发觉它们并进行治疗。这种转型会使我们的医疗成本大幅降低，从而解决美国最严峻的财政难题之一。

伴随企业家们改变了能源行业，越来越多的住宅和建筑将使用屋顶上廉价而超高效的太阳能电池板，以及地下室或车库里高性能的电池来自主生产电力。这些电池和现在那些由特斯拉公司制造的电池一样，能够在太阳照射时储存它所产生的能量以供使用。这些建筑将连接到双向输电线上，使得所有人都能够在亿贝之类的购物网站上售卖多余的能源或者购买所需的能源。如果你有一辆电动汽车，那么你便能用自家的太阳能电池板和电池为它充电。

趋势表明，人们将越来越多地从小型本地农场购买食物。整个20世纪，食品工业使农业的规模越来越大，农场因而变得更大、更加企业化，大量机械设备实际上只需配备少数农民。在未来的几十年里，技术能够帮助小型本地农场获利，在生产试管肉方面的突破将大大减少牧牛、养鸡所需要的场地。

3D 打印技术开始去规模化，重塑制造业。不出 10 年，倘若你订购了一双新鞋子或一把新椅子，它很可能并非产自远方的量产工厂；相反，很多公司将按照订单小批量生产定制产品，很多工厂将像亚马逊云服务一样根据需求规模进行生产。

去规模化会改变大多数行业和活动。无论你从事什么职业，生活在哪里，你的生活都将因为 AI 和去规模化而与上一代人的大不相同。在这本书的后续部分，我将详细介绍这些不同，以及如何用去规模化的思维方式思考这些变化，以帮助你从容应对将要发生的一切。

在我们决定塑造未来的时候，我们有很多选择，而去规模化是一种颠覆性的选择。它将旧式经济重塑为新式经济。每当历史上出现这种颠覆性变革时，各种类别的工作岗位都会受到冲击，这次也不例外，因为 AI 能代替人完成许多任务。唐纳德·特朗普得以在 2016 年当选美国总统，主要源于美国民众对就业和经济混乱的不满。这种焦虑只会不断加剧。皮尤研究中心（Pew Research）2016年的一项调查显示，有1/5高中或以下学历者认为他们面临被AI软件替代的危险。牛津大学的一篇研究论文宣称，当前人类一半的工作将由机器完成。[5]媒体上随处可见AI最终使得人类无事可做的故事。所以AI和去规模化将迫使我们重新思考工作与谋生的含义。这趋势可能会迫使国家考虑制定保障收入的制度或进行教育方面的改革。正如特朗普胜选所揭示的那样，如果技术专家和政策制定者不去处理这些事情，不去帮助人们解决这些问题，那么被淘汰的这部分民众将会提出抗议，并试图阻止、破坏去规模化。

伴随AI软件在我们的生活中逐渐普及，我们需要好好管理算法，以防止其产生歧视，甚至犯罪行为。脸书背后的算法旨在为脸书赚钱，而不是为了确保公平，这很可能是上一轮美国大选产生了巨大的政治鸿沟的背后原因。倘若没有道德的指导，那么算法会对我们的社会产生怎样的恶劣影响？脸书只是一个早期的案例。我们需要想清楚，我们是否希望自己的公司更为公开地对算法负责。谨记，公司优化自己的AI软件是为了股东的利益，而不是为了做正确的事或使决策透明化。这亟待改变，这些公司应当率先在它们的领域中建立算法问责制。

一些研究延长人类寿命的大项目希望将人的预期寿命延长几

十年。谷歌旗下的卡利科公司（Calico）投入了15亿美元用于探索衰老背后的基本科学原理；杰夫·贝索斯支持的联合生物科技（Unity Biotechnology）公司正在研究对抗衰老问题的药物；我们所在的通用催化风投公司也投资了健康天堂（Elysium Health）公司，该公司拥有人员稳定的年龄问题专家团队和生物学家团队，这些专家专注于研究NAD+这一在人类二十几岁时开始衰退的重要辅酶。如果我们让AI自动完成大量工作，同时眼看着人类寿命得以延长，那么将是怎样一幅场景？我们难道要让司机们无所事事地消磨多出来的几十年光阴，只因为压根没有工作的可能性吗？我的朋友，科技孵化公司Y孵化器（Y Combinator）的董事长萨姆·阿尔特曼和脸书的联合创始人克里斯·休斯已经启动了两个单独的"普遍基本收入"（universal basic income，以下简称UBI）项目，探索用无条件薪金取代基于工作的收入的可能性。我们正在向高度自动化的、后工作世界发展，这两个项目都试图走在这一趋势的前头。虽然UBI具有极大潜力，但它仍面临许多困难。虽然将科幻小说变为现实着实令人兴奋，但一旦大部分劳动力市场实现了自动化，那么作为人类的我们将需要找到充实的生活方式来度过我们长达120年的一生。

新技术时代的另一个担忧是垄断。在数字产业之中，赢家通吃的趋势比在实体产业中更严重。这可能会导致垄断者控制经济的重要部分，正如我们看到的脸书主导了社交网络，谷歌主导了网络搜索一样。如果我们不够谨慎，那么这些垄断者可能会施加有利于他们的规则和做法，从而对社会产生损害。

这并不是危言耸听，技术上一次彻底改变经济和生活的20世纪初，巨大的变化引发了两次世界大战、一次全球经济大萧条以及西方主导的自由主义世界秩序的兴起。当今的变化甚至更为剧烈。我们希望我们的领导人能够避免战争，但是这一过程将充满动荡，因为当一些人拥抱这些变化的时候，部分选民和政府正在竭力反对。在20世纪，侵略国为了以石油为主的自然资源发动战争。而接下来的战争很可能围绕数据展开，全球黑客的增长就是一个先兆。

然而，倘若我们做出了正确的选择，那么我相信AI世纪能够带来无限裨益。AI驱动的去规模化将围绕创造更优质、更廉价、较之以前更易获得的商品与服务而展开，这简直是为您量身定制。

倘若我们做出明智的选择，那么我们应该能够看到生活品质的提升。到目前为止，大多数数据科技都是关于效率的，即解码软件中的任务功能，使其自动运行。伴随产业的去规模化，软件将发展至新的阶段，产品和服务将更加有效，正如优步使得出行更有效率，远胜出租车出行一样。先想象你生活中最受挫的场景，再想象你的生活变得越来越好，越来越低成本，越来越便捷！

我们训练学生适应这个世界的方式将对确保他们的就业至关重要。他们需要发现，什么是只有人能做而机器不能替代的事，并学会与AI驱动的机器共处以释放自己的潜能，无疑这将涉及包含创造力和心理学在内的“人类”能力。

我们可以选择在哪些地方进行创新，我们能够决定员工的未来，我们也可以努力促使算法维护我们的价值观。对于有进取精神的个人与组织而言，从来没有比现在更好的机遇、更低的门槛。我们即将踏上一段神奇探险之旅。我们有机会去改写历史，去解决我们所面临的从气候变化到癌症的人类难题。和上一次技术革命一样，等到这次革命完成的时候，这个星球将焕然一新。

2

AI 驱动的技术浪潮与规模化经济

AI 正是 21 世纪的电力。

在 20 世纪刚开始的时候，日新月异的新技术涌入了人们的生活，它们绝大多数是以电力和石油为动力的，它们以无人能够预料到的方式改变着社会。这一系列技术引发了长达百年的规模化扩张。

在 19 世纪 80 年代，依托托马斯·爱迪生的设计而建立的小型电站向大大小小的城市扩散，但每座电站只能为几幢建筑供给电力。到了 19 世纪 90 年代，纽约市专利律师查尔斯·柯蒂斯发明了蒸汽涡轮发电机，第一次使得人们能够以低成本大规模生产电力。自 20 世纪初期起，城市里已随处可见纵横交错的电网。

电力的扩散使得工厂能够开在任何地方，这改变了之前由制造中心形成的模式。电灯使得工厂能够在夜间运行，电力也使得现代流水作业线成为可能。通过电力，古列尔莫·马可尼发送了第一个双向无线电消息，这是一句由 54 个字组成的向英国国王爱德华七世问候的消息。电力为电话提供了能源。亚历山大·格雷厄姆·贝尔在 1876 年发明了电话，而电话在 20 世纪初的城市里占据了一席之地。通信使得公司得以扩大规模，因为它们可以与更多更远距离的人进行更好的合作。

其他一些大胆的科技也随之萌生。从 1900 年到 1902 年，德国人发明了齐柏林飞船；乔治·伊斯门发明了第一台家用相机；推销员金·吉列创造了第一把安全剃须刀；同时，第一代电炉也走入了千家万户。人们可以做他们之前从未做过的事情——飞行、旅行、拍照、用电灯照亮自己的家，而他们想要的还远不止这些。

这样的时代迎来了亨利·福特。19 世纪末，他曾在爱迪生照明公司工作；在那里他见到了托马斯·爱迪生，并受到了启发，于是他在夜里实验了机动四轮车。他在 3 年里创办了两家汽车公司，但都以失败告终。1903 年，他在自己的 40 岁生日之前成立了福特汽车公司，并开始研发 A 型汽车。大众思维是难以想象出这种影响的。1903 年，马在纽约市的日常生活中还如此盛行，以至于每天街道上都会堆积 250 万磅马粪。1908 年，福特推出了 T 型车，这打破了行业局限，尽管其当年的销量仅为 239 辆。这个数字在 1909 年增长为 12 176 辆。到了 1913 年，一位漫画家在描绘未来的画作中画到，就连小学生也开着迷你车去上学。1913 年，福特汽车的销量飙升至 179 199 辆，且这一数字在当时还不断暴增。这一切都与规模有关。T 型车以黑色著称，这是同质大众市场里第一种被大规模量产的汽车。

在俄亥俄州的代顿市，莱特兄弟以引擎技术的进步为基础，萌生了有翼飞行的新想法。在他们的自行车店里，他们和他们的机械师查理·泰勒将他们建造的引擎装载到一个翼长约 40 英尺[①]的飞行器上，并在 1903 年第一次成功试飞。到了 20 世纪 30 年代，泛美航空公司已经开始使用民用飞机运载乘客进行环球航行了。

人们的日常生活发生了彻底改变。由电力驱动的大型工厂制造了大量大众商品，填充了梅西百货、西尔斯百货等大型百货公司的货柜。电台开创了大众广告的概念。要大规模生产、运输、销售实体产品，并通过有限的媒体对之进行宣传，这些公司就必须发展壮大；一旦它们变得足够大，它们的规模对于后来者来说就成了难以逾越的壁垒。

20 世纪初的科技创造了大众市场的消费文化，并由此开启了建造规模经济的世纪。公司成为全球贸易的核心，它们的信条是

① 1 英尺 =0.3048 米。——编者注

“越大越好”。《财富》500强排行榜在1955年首次问世，这是一个不加掩饰地崇尚规模的行为。那一年，通用汽车公司登顶榜单，当时它有576 667位员工。到了2016年，排行榜上的第一名是沃尔玛公司，而它拥有230万员工。政府也开始扩大规模。美国联邦政府在1900年时大约有100万雇员，而到了2015年，这一数字已超过400万了。[1]在好莱坞，电影必须得是大制作，要不然就捞不回成本。像百威啤酒、可口可乐和麦当劳这样的大众品牌为所有人提供着相同的产品，抹杀了一切竞争者的利基市场，同时，沃尔玛在越来越多的地方建立起超级大卖场的行为，给本地零售商带来了压力。西方世界扩大了大众教育的规模，建立起大型学校，以流水线的方式塑造教育模式——孩子们进入幼儿园，按部就班地分阶段上学，所有人学习的内容都差不多，直到他们读完书去工作。

规模帮助社会完成了许多大事：教育大众，提升生活品质，治愈像天花这样的疾病，帮助成百上千万人脱贫。由电力驱动的20世纪的技术不仅仅使得这一切成为可能，而且使得它们的发展轨迹成为必然。

2007 年时，AI 已经存在了几十年，20 世纪 80 年代和 21 世纪初时都有人认为 AI 将产生重大突破并改变世界。但这一切并没有发生。当时缺少足够的数据支撑 AI 进行学习，因而其无法实现一些特定功能（客机上的自动驾驶功能等）。但到了 2007 年左右，随着我们越来越多地将生活转移到移动通信、社交网络和云平台上，大量数据被收集了起来，AI 的影响力终于能够媲美 20 世纪初的电力。正如我们当时通过电气化开启了规模化的时代，如今，我们正在将 AI 融入当前世界，由此开启去规模化的时代。

预感网站（Hunch）标志着我开始参与投资 AI 类公司，这是一家由克里斯·狄克逊创办的公司。20 世纪 90 年代初，狄克逊还是哥伦比亚大学的一名主修哲学的本科生。后来，他又继续攻读了工商管理硕士学位，并成为数字货币交易平台仲裁公司（Arbitrade）的一名软件开发者，该公司是一家聚焦于高频交易的对冲基金公司。然后，狄克逊又开了一家名为网址顾问（SiteAdvisor）的公司，帮助互联网用户过滤垃圾邮件。网址顾问公司是我作为风险投资家所做的第一笔投资。在 2006 年，我们将这家公司卖给了加密软件公司迈克菲（McAfee）。

2007 年，狄克逊和两位联合创始人创立了预感，我也参与了投资。当时，我们并没有把它与 AI、机器学习或认知计算联系在一起，但预感确是一款需要学习的网络应用程序。现在，我们自然而然地会将之称为 AI。预感的目标在于建立互联网偏好库，将人们与他们喜欢的事物连接到一起，其范畴包括产品、歌手和网站等。如果我们建立的偏好库足够大，那么预感将能从每个人的偏好中进行学习，从而向它的用户进行精准推荐。如果你喜欢碧昂丝、辣味热狗和西南航空公司，那么你很可能也会喜欢城市旅行者的衣服，因为和你有相似偏好的人都喜欢城市旅行者。

这项技术非常有用。但是我们也遇到了挑战：AI 需要从大量数据中进行学习，数据越多，AI 功能就越强大。作为一家私营企业，预感无法从用户中获取足够多的数据，使 AI 有效地吸引更多用户；而只有使更多的用户加入预感，AI 才能进入良性运作的循环。

在 2011 年，一个妙极了的方案浮出水面。我们以 8 000 万美元的价格把这家公司卖给了亿贝。当时，亿贝拥有 9 700 万用户、2 亿货物列表、20 亿每日页面浏览量，以及关于全部交易的约 9 000 兆字节数据。宣布这笔交易时，狄克逊说道：“得到亿贝数据的支持后，预感将收获更多源数据，也会因此运行得更好。”我们终于有了支撑 AI 进行学习的数据，我们终于有机会使它变得更好。亿贝的首席技术官马克·卡格斯在这笔交易后告诉媒体：“预感发现，许多购买金币的用户也会购买显微镜，因为他们需要用后者来检查这些金币。这是我们之前从未发现过的奇妙联想。”[2] 重要的是，这个偏好库与脸书的“喜欢”功能完全相同，而且它更加有效，因为它汇集了超过 10 亿每天不断点击“喜欢”按钮的用户。

预感的轨迹恰是这个时代的缩影。虽然 AI 概念已经存在了 60 年，但它此前并没有得到数据的支持。而现在我们有了数据，这都要归功于我们在 2007 年开始后的 10 年里开发出的技术。

想一想在不到 10 年的时间里，生活发生了多么巨大的变化。到 2016 年，地球上超过一半的人都拥有智能手机，同时，移动网络成为令人惊叹的新平台。你可以在手机上下载通过几乎无处不在的高速无线网络连接到某个数据中心的强大软件上的应用程序。这些应用程序可以提供社交网络、聊天、电子邮件、购物、媒体等服务。超精确的全球定位系统地图能够帮你导航前往一切地方。手机可以存音乐、电子书，还能让你看在线体育赛事。像 Salesforce（客户关系管理软件提供商）这样的企业允许你在世界上的任何地方通过手机屏幕完成工作。移动网络极大地改变了人们的生活方式。没有移动网络，现在的人们已无法想象如何度过一天。想想看 10 年前这一切压根儿不可能实现，这是多么神奇啊！

因此，我们花了 10 年时间将网络连接至人，并将大量活动移至线上，而线上的一切都会产生数据。近年来，业界通过应用物联网这一迅猛发展的科技，将“物”而不仅仅是人连接到全球网络上。支撑物联网的设备包括摄像机、热传感器、无线健康监测器菲比特（Fitbit），以及濒危动物身上的全球定位系统标签。根据分析公司互联网数据中心的数据，已经有 90 亿台设备在 2015 年连接至网络，而这个数据将在 2020 年增长为 300 亿台，在 2025 年增长为 800 亿台。[3] 思科、美国国际商用机器公司和通用电气等科技巨头正在大规模投资物联网传感器和数据。我和行业传奇、风投公司安德森·霍洛维茨基金的马克·安德森一起投资了一家名为轮回（Samsara）的初创公司，它致力于打造用于收集和管理来自传感器的数据的新一代物联网平台。随着传感器被嵌入几乎所有的东西中，这种技术将创造出量化的世界。在 21 世纪的头几年，硅谷人士喜欢说，软件正在吞噬世界，并进入商业和生活的每个角落。但到了 2010 年之后，我认为世界正在吞噬软件——一切都在从软件中汲取营养，变得智能，并连接到全球网络上。

了解物联网对数据收集影响的一种方法是通过照明插座进行判断。据估计，世界上有 40 亿盏路灯。仅在美国，就有 40 亿个电灯插座，平均每间屋子 52 个。[4] 公司、学校、机场航站楼等场所有大量插座，因而每个人口稠密的地区都有数百亿个插座。每个插座都是电源，能够为嵌入灯泡的传感器和无线网络装置供电。电灯以前毫不智能，且独立于彼此，但是现在它们变得智能起来，还连接到了一起，它们收集了大量的日常生活数据，使得AI变得更聪明。物联网装置遍布各处，珠宝上、衣服里、污水管和排水沟中都有，甚至连野生动物的标签上和家庭宠物身上也有。在工业环境里，整个工厂或卡车、喷气发动机等设备的传感器都能够通过像通用公司普利迪克斯云工业平台（GE’s Predix）这样能连接物和人的系统进行反馈。物联网正在侵入建筑物，日本制造商通力正在为其电梯、自动扶梯、十字旋转门和自动建筑门装载物联网设备，而每天有超过10亿人会使用这些装置。金佰利·克拉克正在开发斯科特智能盥洗室（Scott Intelligent Restroom）。该系统遍布在整栋建筑中，是所有盥洗室用品分配安置情况的网络，其能够监测整个系统内的物品，并改变盥洗室的维护和供给方式。如果你身处安装了斯科特智能盥洗系统的建筑里，那么再也不会遇到洗完手找不到毛巾的情况。物联网爆炸式的发展将为我们带来惊人的数据流，使AI对世界运作方式进行深入分析成为可能。物联网正在为我们提供即时、实时的视图，就好像我们将地球连接到心电图仪器上，实时观察它的心跳。

AI是关于从数据中识别模式、预测行为和决定行动的科学。数据不足的时候，AI就像是婴儿的大脑：拥有一切智慧，但对世界的了解太少，因而无法理解其发现的一切，比方说，其无法理解拉扯猫的尾巴会使它受伤。因此，就像大脑一样，随着AI获得更多数据，它便能够从中总结出模式，并能够更准确地预测行为。数据越多，AI 运行得也就越好。

我们的生活中充满 AI。谷歌的 AI 驱动搜索算法会通过你的每一次搜索进一步完善。脸书的 AI 功能会从你的贴文和“喜欢”中学习，从而在你的时间轴里向你推送你可能感兴趣的广告。网飞公司会从你观看视频的习惯中学习，将之与其从数百万其他观众那学习的内容进行匹配，从而向你做出推荐，它还会参考基于 AI 的学习内容以选择制作哪种类型的电影或电视剧集迎合大多数用户的口味。对冲基金依靠 AI 能够发现人类永远无法看出的交易模式。安全软件依托 AI 能够了解用户在系统中的操作习惯，一旦有侵入者便能及时识别、加以阻止。在 2016 年，美国国际商用机器公司收购了天气公司，该公司收集了来自全球各地传感器的海量天气数据，因此美国国际商用机器公司能够将这些数据输送给自己的 AI 系统沃森（IBM’s Watson AI）。现在沃森已经能够从字面上“学习”天气的奥秘，并能够进行超本地化的细微预测，例如，预测奥运会户外潜水赛事场地的风力情况。

当我在 2017 年写这本书的时候，谷歌、特斯拉、通用汽车和一些其他公司正在开发自动驾驶汽车。AI 使得这种技术成为可能，进行自动驾驶的汽车越多，这些 AI 系统能收集的数据便越多，自动驾驶汽车的性能也就随之优化。像亚马逊的亚历克莎（Alexa）

和苹果的 Siri（苹果智能语音助手）这样的个性化机器人程序正在融入我们的日常生活。这些 AI 程序从使用者那收获了大量人声语音数据，因而它们识别所听到的口语语音的能力比人还要强。它们在理解复杂问题或指令方面仍有困难，但是随着使用的人越来越多，它们也会变得越来越好。这就是 AI 的根本属性。

在我所资助或工作的一切实体中，几乎没有什么不是以 AI 技术为基础的。可汗学院正在使用 AI 改变我们学习的方式：根据学生的学习节奏为之量身定制课程。之前提到的利沃戈也在它的软件中植入 AI，以学习糖尿病患者的健康状况和个体行为，从而帮助个人用户管控自己的状态。我压根儿无法想象，去投资不使用 AI 技术的公司会是怎样的。

通过智能手机和物联网传感器的内置触控系统，我们上网的时候产生了大量数据。数据便是这场新革命的原料，正如矿物燃料和电力之于 20 世纪初的工业革命一样。AI 吸纳数据，使之变得有用且可得，正如电成为有效能量，流入一切事物，无处不在。AI 正在植入一切拥有计算力的事物。在未来的 10 年里，不具备 AI 技术的事物将变得单调乏味、脱离时代。这就好比，电冰箱发明之后，用冰盒存放冰块以进行冷藏变得多余、乏味一样。

在 2015 年左右，资金开始涌向 AI 领域。根据分析公司 CB 视野（CB Insights）的调查，2016 年投资 AI 创业公司的资金飙升至

10亿美元以上。而在一年之前，这一投资额还只是6.81亿美元，2011年的数字为1.45亿美元，再之前便非常少了。[5]（当我投资预感的时候还很难找到一家自称为AI初创公司的企业。）

这个社会已经开始需要AI。世界上的各种系统已经变得非常复杂，数据流泛滥，以至于只有通过AI才能处理这一切。如果你关闭当前使用的每一个AI程序，那么这个发达的世界将会停止运转。网络将陷入困境，飞机将无法飞行，谷歌会停止搜索功能，垃圾邮件会淹没你的邮箱，美国邮政服务公司将无法分拣邮件。伴随时间的流逝，AI将成为维持地球运转的更为重要的部分。

顶尖的AI软件将成为我们值得信赖的合作伙伴。会议室里的AI软件会分析商务会议中的对话，并持续在互联网上搜索可能相关的信息，以备在被问及时提供答案。“它可以带来人类可能并不了解的外界知识，”斯坦福大学神经动力学与计算实验室中研究AI和脑科学的苏里亚·甘古力说，“这意味着人们可以做出更好的决定，这是卓越的前沿科技。AI能够知道一个小时前房间里的人说过些什么，了解该领域的历史，以及试图解决问题的人们的目标，并给予建议。”[6]

甘古力告诉我，到了21世纪20年代初期，AI在解决医疗难题方面将比卫生保健人员做得更好，在搜索判例法上将比法律助理做得更好。美国律师协会认为：“AI不仅仅是法律科技，它将是下一个变革法律职业的伟大希望。”[7]美国国际商用机器公司的沃森已经开始成为医生助理，吸纳图书馆里各种医学研究的信息，以帮助诊断患者。

世界各地的科学家们正在致力于探索、理解人脑。[8]这种知识正为计算机科学提供信息，而科技界也在逐步开发计算机的功能，使之不断趋近于人类大脑。这些机器永远不需要编程。它们像婴儿一样，是具备观察和学习功能的白板。但是它们具有计算速度和存储容量方面的优势。这种系统能够将所有已知的书籍内容复制粘贴到它的内存中，而不是一次只阅读一本书。

类脑软件公司天才家（Numenta）的首席执行官及掌上电脑的发明者杰夫·霍金斯解释道：“我们在科学领域取得了重大进步，我们看到了创建智能机器的明确途径，包括那些在许多方面比人更快、更强的智能机器人。”[9]霍金斯举例说明，我们最终能够使机器成为伟大的数学家。他说：“数学家们试图进行校验、发现数学结构，在脑海中领略高维空间的优雅。你完全可以建立一台为此而设计的智能机器。它实际上是在数学空间中运行，其本质行为就是数学行为。它的计算速度比人类快100万倍，而且永远不知疲倦。它能够被设计为杰出的数学家。”

AI已经开始融入各种平台。美国国际商用机器公司允许大大小小的公司基于沃森系统开发产品；亚马逊云服务也将越来越多地内置 AI 功能；谷歌和微软的云计算服务也是如此。这将使几乎所有的初创公司只通过信用卡便能够租赁 AI 功能，然后将之植入任何应用程序或服务中。伴随 AI 的进步，更多去规模化行为将涌现。能自动实现定制功能的 AI 允许对一切内容进行具有赢利潜力的定制。想一想：人们总是需要量身定制的产品和服务，但这会耗费大量时间和精力。因此，定制产品或个性化服务（拥有私人司机等）只有在耗费不菲的情况下才能获利，这对大众市场消费者来说难以承受。机械化工厂之所以能够获利，是因为它们能够又快又省地生产出大量完全相同的产品。

但是 AI 不一样。AI 能够自动对每一位客户或用户进行学习，然后软件便能够自动为他们定制产品和服务。利沃戈基于 AI 的服务彻底掌握了治疗糖尿病的方法。基于 AI 的优步能够根据你的需求，随时随地为你提供乘车服务，就像你的私人司机一样，而耗费的成本非常低，优步的终极目标是将所有汽车替换为 AI 指导的自动驾驶机器人。AI 制造的状态恰恰与大众市场创造的相反。它融入各种技术、产品和服务中，这使得它能够在服务于个体的同时获利。因此，AI 制造的状态与规模化创造的也相反。为你量身定制的产品会淘汰大众产品。扩大规模是经济实惠地生产大众市场产品的方式，而当移动网络、社交网络、云平台和其他 21 世纪平台加入 AI 技术后，小型企业将能够快速而便捷地开发、销售和递送针对个人的产品。当去规模化的针对特定领域的公司能够利用平台，为特殊受众提供产品和服务时，规模便不再赋予公司必然优势了。

AI 正在为各种改变工作与生活的深刻新技术和公司提供动力。

在 2015 年左右，VR 和与之紧密相关的 AR 从极客的梦想落地为切实可行的技术。当第一家 VR 眼镜制造商傲库路思时光裂痕（Oculus Rift）在 Kickstarter（众筹平台）上筹集资金制作它的第一件产品时，我恍然大悟。我拿到了一个原型的小样，并意识到我们正在真实世界的平行空间里，创造另一个虚拟的线上世界。随着人们在虚拟世界中花费更多时间，人们将对这个世界中的服务、艺术、游戏和娱乐产生更多需求。在虚拟世界中，去规模经济更为显著，因为虚拟世界中的一切都彻彻底底是数字化的，人们在其中的每一个举动都将产生数据，进而改善一切基于 AI 的产品或服务。当我思考应当如何投资 VR 或 AR 的时候，我意识到，公司和个体都需要借助工具创造事物，比如虚拟建筑、家具等，无论这是为了娱乐还是为了利润。这一点使我将目光聚焦于角度科技（Angle Technologies）。

2000 年左右，戴维·科斯林和伊恩·汤普森还是哈佛大学的学生，他们时常结伴出行，非法侵入他人的计算机，有时候也一起玩儿“我的世界”(Minecraft)。汤普森特别关注 VR 技术的发展。汤普森一直记得当一位建筑师朋友让他戴上护目镜，以虚拟的方式参观全新的旧金山湾区快速交通火车站模型时的场景。汤普森说，“他让我试试，但我感到眩晕恶心”，这是 VR 发展早期的一个普遍问题，“但这种体验也非常棒！我立刻迷上了”。[10] 汤普森向科斯林分享了他的积极感受，于是两人开始翻来覆去地讨论他们能用 VR 技术创造些什么。

科斯林毕业后先后在谷歌和 YouTube（油管网站）工作过，而汤普森则在几家初创公司之间辗转。但他们仍在一起讨论 VR，并见证它的发展。之后，在 2014 年年中，脸书以 20 亿美元的价格收购了傲库路思时光裂痕。科斯林说：“这只是推动一切进入高潮。”脸书的举动促使谷歌也投入资金研究 VR。风投公司开始对 VR 进行投资。科斯林和汤普森意识到，VR 将成为另一种商业平台；对于初创公司而言，这是另一种基于强大的全球力基础上的生意模式，其覆盖数百万乃至数十亿用户，足以帮助它们击败在现实世界中树大根深的企业。

我喜欢他们的想法，所以我投资了他们的公司角度科技。这家公司致力于建造帮助人们在虚拟世界中快速而轻松地设计应用程序的工具，科斯林说："不怕做不到，只怕想不到。"

VR 技术已经十分成熟，能够使你感觉身处另一个地方，比如很远的城市或宇宙飞船。在 2017 年戴上傲库路思的眼镜还像是体验一场视觉游戏，但大量资金和人才正涌入这个领域。据估计，像脸书、微软、宏达电和谷歌这样的大型企业在 2015 年花费了超过 20 亿美元开发 VR，效果十分显著。离开傲库路思创立了另一家 VR 公司彭罗斯工作室（Penrose Studios）的尤金·钟说："我以为要花 10 年才能实现的技术一两年内就实现了。"[11]

高保真 VR 公司的创始人菲利普·罗斯戴尔试图开发出 VR 网络，将 VR 世界连接起来，这样我们就能像如今使用互联网那样，从一个地方移动到另一个。[12] VR 世界因此就会更像各种内容、社区、商业和工作的全球合集，而非独立的可视游戏。到 2025 年左右，人们将可以自由分配花在现实世界和平行的虚拟世界里的时间。

AR 就像是 VR 和真实世界的中间点。它将两者合并在一起，因而数字信息或图像能够通过数字眼镜或智能手机屏幕分层投影在现实世界里。AR 的影响力甚至可能大过 VR，但它面临的问题也更困难。在早期阶段，你可以将手机对准家中的墙，从而欣赏投射到墙上的画作；或者你可以把手机指向城市里的某个角落，从而看到它百年前的样子。在 2016 年，口袋妖怪（Pokemon Go）游戏通过将宠物小精灵投射到真实环境中，使数百万玩家体验了 AR 技术。

神奇的飞跃（Magic Leap）、谷歌、色拉布和其他一些公司正在开发一种更为先进的AR技术，该技术会让你通过眼镜看到真实世界和AR投影的部分。在早期的演示中，你可能会在厨房里看到逼真的R2-D2机器人[①]。这种技术将使你坐在会议桌边，戴上AR眼镜时，看到来自世界各地的同事，他们看起来就像坐在会议室的其他椅子上一样。他们在会议过程中会以全尺寸投息影像呈现，视觉效果非常惊艳。

我能够想到一些VR和AR明显有助于去规模化的方式。运动也可以以去规模化的方式进行。美国职业棒球大联盟需要在能够容下5万球迷的巨大场地举行比赛，而小球联可以花较少的钱，让观众通过VR观赏比赛。在教育方面，你能够通过AR或VR产生集体学习、进行小组讨论的感觉，而不必去规模化的大学和其他学生、教授一起坐在教室里。

机器人正在成为AI的物理表现形式。它们自己学习得越多、独立运行得越多，便越有助于推动去规模化。

① R2-D2是《星球大战》中的经典机器人。——译者注

机器人已经出现了数十年。它们在工厂流水作业线上劳作，在仓库中分拣货物，在地下隧道里钻探，机器人鲁姆巴（Roomba）还能用真空吸尘器进行打扫。它们由软件驱动，按照一套固定程序行事。这些机器人无法真正学习任何新东西：扫地机器人鲁姆巴可能还能找到一种确保它扫遍地毯每个角落的模式，但也仅限于此了。这些种类的机器人并不有助于去规模化。在大多数情况下，它们使得规模运作更为有效（就像在工厂里一样）并提升经济的规模性。

AI 驱动的机器人就不一样了。例如，对于高度规模化的全球汽车综合体而言，自动驾驶汽车所能做到的一切都几乎令人难以置信。传统汽车使得我们的一切都规模化。每个成年人都需要一辆车，哪怕它 90% 的时间都停在车位上。因而，更多人口就意味着更多汽车，更多汽车就意味着汽车工厂需要不断扩大规模，意味着人们需要建造更宽、更长的高速公路，以及大量停车场。美国州际公路系统于 1956 年开始建造，而联邦公路到 2016 年时已经长达 47 856 英里①。[13]

当我写这本书的时候，自动驾驶汽车正在迅速发展。特斯拉汽车已经能够实现自动驾驶。大多数汽车制造商都在研究这项技术。汽车能够连接到无线网络上。随着联网的自动驾驶汽车的日益

① 1 英里≈ 1.61 千米。——编者注

普及，人们会逐渐意识到大部分时间都让汽车停在车位上实在太蠢了。为什么不让自动驾驶汽车加入优步或来福车（Lyft）这样的公司，为客户提供按需式用车服务呢？当越来越多的汽车可从网上预约时，它们就会形成一个平台，任何一家初创企业便能立刻通过该平台在全美范围内开展交通服务业务。无须购置若干辆汽车、货车或花一大笔钱雇用司机，只需要进行设置，便能营业了。

如果机器人汽车成为常态，那么一辆车便能够为许多人提供服务。城市居民大可以使用这种按需式交通服务，因为这比自己养车更便宜、更便捷，同时，许多小公司都能够涌入这一行业，提供大众所需的服务。（在你上班的时候送孩子上学？带一队足球运动员去训练？你所需要的一切都能实现！）汽车公司需要的工厂规模因而会缩小，生产的汽车数量也将远远少于之前。高速公路再也无须扩张。停车位可以改造成公园。

无人机是一种基础的飞行机器人。下一代无人机将植入 AI 功能，因此它们将能够学习。如果要让无人机递送亚马逊的包裹、多米诺（Domino）的比萨，或为加拿大邮政服务公司向农村送件，那么无人机就需要能够导航，避开人群，准确地识别诸如狗和电线之类的事物，并做出反应。紧急救援人员能够派遣一队 AI 无人机冲入洪灾区，搜寻需要帮助的人员。在建筑工地上的无人机需要能够快速移动，在听到工人们的呼叫后，便迅速把他们所需的零件和工具递给他们。我投资了一家名为空中地图（Airmap）的公司，它正在建设旨在测绘地球上所有的空域并对其进行监管的AI平台。空中地图技术已经在美国丹佛和洛杉矶等大型城市的机场系统中运用了，它与苹果手表应用程序相连后，能够向无人机空域发送警报。无人机能够持续与空中地图公司的数据库进行通信，从而得知它能否飞越这幢房子或那所大学。使无人机像汽车一样安全地自动驾驶意义重大。

机器人汽车和无人机能够演变为物流平台，它们可以使得企业和小型初创公司轻而易举地获益。任何初创公司登录其中任一平台，进行配置，便能够立刻将人或物运送到地球上的任意地方。从某种程度上来说，联邦快递公司及美国邮政服务公司已经成为那种平台了，但装载AI功能的机器人和无人机将学会如何将特殊物品以最快捷、最有效率的方法运送到特殊场地，以此提升服务小型市场的能力与利润。

其他AI驱动的机器人将自动运行，使得各种不同的领域得以实现去规模化。你可以使用会擦洗窗户的无人机围着你家转，帮你清洗窗户的外侧。工业机器人已经能够在仓库中从货架上搬取货物了，其工作范围也将不断扩大，机器人服务员、机器人购物向导将应运而生，你还可以使用聪明的小型机器人帮你从阁楼上找到所需的物品。我希望机器人平台能够应用在各个不同的领域，创造大量可供租赁的自动化劳动力，使得企业能够服务于小众市场，持续去规模化的进程。

3D 打印目前正在将物理事物转变为数据，就像在过去的 20 年里，数字技术将报纸和电话中的信息转变为数据一样。3D 打印的涵盖面无所不包，机器人设备将任意原材料——塑料粉末、不锈钢——根据数字蓝图制造成物理实体的方式都可以叫 3D 打印。以你的家用计算机打印机为例，它能够根据电子文档打印出实体文件，而 3D 打印机能够根据产品的电子设计打印出实体产品。一旦实体产品能够被转化为数据，数据便能够轻易地通过网络传递到任何地方，从而使得任何人都能够轻松便捷地得到这一设计。3D 打印机能够被连接到根据客户的需求，高效地定制小批量产品的按需生产式自动化云工厂。

这就是我在 2017 年资助的一家名为伏都制造（Voodoo Manufacturin）的公司背后的理念，这家公司由马克斯·弗赖菲尔德、奥利弗·奥尔特利布、约翰·施瓦茨和帕特里克·迪姆在 2015 年共同创办。这一团队起步于预测基于云平台的制造业的未来，这看来很像是现在的云计算。伏都想要成为云制造业的亚马逊云服务平台。这家公司一开始在纽约市布鲁克林区建造了一间拥有 160 台 3D 打印机的工厂，这些打印机都由智能软件连接、监控。鉴于当前 3D 打印技术的发展阶段，这些机器还只能制造简单的塑料产品，但是伏都在玩具小部件和促销活动的小礼物上发现了商机。弗赖菲尔德说："我们建造的系统能够快速生产任何人定制的小批量产品。"[14] 与大规模生产不同的是，按需生产式 3D 打印中心制造一件商品的成本几乎与生产十万或百万件产品的单个成本并无差别。它能够根据订购量生产商品，而无须在预测需求量后生产、运输，因而不会遇到滞销的问题。弗赖菲尔德表示，这将颠覆规模经济。他说："我们正在试图改变制造业两百年来演化成的状态。"他认为，最终，大部分生产实体商品的公司将会根据需求租赁制造力，正如现在它们根据需求租赁云计算功能一样。

3D 打印机在短期内还无法制造出复杂的产品。但这也是会改变的。例如，3D 打印无疑将生产出优质运动鞋。想想这对运动鞋行业意味着什么。现在，耐克公司的大部分产品都在中国、印度尼西亚和其他亚洲国家生产。这是因为劳动力成本是制鞋成本的重要组成部分，而亚洲的劳动力要比西方国家的便宜得多。为了实现规模效益，耐克根据预期需求量在众多工厂中进行大批量产，并将产品运往全球各地的零售商，零售商们再把鞋子卖给顾客。在这样的模式中，巨大的浪费和运输成本都是值得的。

如果鞋子能够通过经济的打印方式生产，比如说通过像伏都这样的生产商在 20 分钟内完成制作，那么现有生产模式将发生怎样的变化呢？商店将成为零库存展示店。客户下订单之后，鞋子才会被制造。去规模化的鞋业公司将专注于设计和营销，并租用 3D 打印设备来制造成品。由于改动 3D 设计能够像我们现在改变演示文稿上的字体一样容易，客户因而能够在鞋子制造出来之前根据自己的风格进行创造。这便是“分布式制造”的承诺。在 2015 年，世界经济论坛就将其评为最值得关注的技术趋势之一。据预计，它将对就业、地缘政治和气候产生巨大的影响。[15] 例如，由于劳动力成本不再是重要的影响因素，将制造业外包给其他国家的历史将告一段落。更多产品将在它们的销售国进行生产，这将减少将产品运往世界各地的过程中消耗的能源。

然而，这不会为制造业创造就业机会。这些按需制造中心在生产过程中很少受到人工因素影响，它们是根据 AI 驱动软件的指令运转的。实际上，制造业的未来表明，现在的制造大国，尤其是中国，在伏都这样的运营概念面前，很可能面临大量员工失业的危机。

与此同时，区块链技术也有助于去规模化。区块链是复杂的分布式账本，其能够追踪成千上万甚至数百万个不同的计算机，这些计算机持续相互更新，以确保区块链中的每一样东西都只有一个真实的数字版本。当你制作一段猫咪视频的时候，你会希望尽可能多的人复制这个视频并进行传播，而当你制造钱的时候，最好确保它从一个人手中传到另一个人手中时没有副本。

随着区块链的发展，我们将得到的不是将一切信息和内容置于互联网上的系统，而是一个能够自动验证信息和内容真实性的系统，这些功能现在靠会计师、律师、银行和政府来实现。你将得到区块链上一切真实的内容，包括金钱、契据、某人的身份信息。甚至更棒的是，由于区块链上的所有东西都是数字化的，所以人们能够进行编程。货币能够被编程，以追踪每位使用它的人。使用区块链时，我们需要跳过中间人完成支付。区块链上的歌曲要求你在播放前跳过 iTunes 或声破天（Spotify）软件，直接将钱汇给艺术家。

所以区块链是另一种自动化交易的形式，它使我们不必前往满是人的办公室以及传统机构就能完成交易。企业能够利用这些技术而不必自己去搭建这些能力，这是另一种形式的租赁。

以将钻石置于区块链上的 Everledger（珠宝鉴定平台）为例。首先，Everledger 软件通过测量钻石上的 40 个点来创建切割钻石的数字指纹。没有两枚钻石是完全相同的，这使得数字指纹也是独一无二的。从那时起，区块链上就有了一条不可更改的关于这枚钻石的路径记录。如果你无法追溯到钻石的合法原产地，那么你便可以确认，它可能与战争有关，或者是被盗了。另一家区块链公司阿布拉（Abra）改变了全球现金流向个体的方式。它的运营方式和优步很像：一部分用户注册成为虚拟银行出纳员，另一部分注册成为使用者。就好像想要给远在菲律宾的母亲捎钱的美国移民一样，使用者打开类似地图的应用，找到最近的银行出纳员，双方同意见面后，使用者将钱交给银行出纳员，出纳员使用自己的账户将这笔钱存入基于区块链技术的阿布拉。在菲律宾，使用者的母亲也可用相同的方法找到一名出纳员，请他 / 她将这笔钱兑换为当地货币交给自己。这整个过程剔除了银行，所需的费用远远小于银行进行此类业务的收费，而且能够在 10 个工作日内完成。

2016 年，美国国际商用机器公司开始为供应链提供区块链技术。随着越来越多的地方装上了网络传感器，这些设备能够与基于区块链的分类账户进行通信，以更新或验证智能合同。这将使各方了解合同规定是否得到了满足。例如，当包裹沿着多个分发点移动时，包裹的位置和温度信息将更新在区块链上。倘若物品需要保持在一定的温度范围内，供应链内的每个人都能得知包裹的温度是否超出了范围，并能够精确知道超出范围时确切的时间和地点。这也可以改变供应链中企业获取报酬的方式。一旦货物交付，智能合同将自动拨付货款。

如果将所有的这些活动都整合在一起，那么我们就会得到数字商务平台，这种平台使得规模小到只有一个人的初创公司也能够与高度规模化的公司进行竞争。这是另一种将“现实世界”置于软件世界之中的方式，企业家们因此可以更容易地建立和配置全球业务，或是搭建全球供应链，而这种供应链曾经是大公司的专属业务。

在 2001 年 2 月，人类基因组计划和克雷格·文特尔的赛雷拉基因组公司在同一天内发布了他们的人类基因组测序结果。其成果是人类基因组中 90% 碱基对（总共约 30 亿个）的完整序列。文特尔曾称他的项目是一台超级计算机工作了两万个小时的结果。测出第一序列，就好像首次把人送入太空一样，令人畏惧。

十几年后的现在，我投资的一家叫作彩色基因组的公司已经能够对人体中的大多数相关基因进行测序，只需要花费 249 美元就能进行这项基因测试。它的目标在于使基因测序变得便宜、便捷，以使每个新生儿都能进行基因测序，并得到伴随自己一生的医疗保健数据。

在整个医学领域，遗传数据和 AI 正在推动一场朝向精准医学的转变，换句话说，就是从面向大众市场的药物转向面向个体的药物。医疗保健将聚焦于个体的身体状况而非常规医疗实践。像彩色基因组这样的公司将向我们提供大量关于我们自身基因组的数据，各种各样的设备会收集其他信息，就像菲比特收集心率和运动数据，利沃戈监测血糖指数一样。AI 和数据会使医学由常规性转向预测性，医生们甚至能够在癌症等疾病显露出苗头之前便对潜在患者进行治疗。我们将查明使你保持健康的原因、打造全新的医药行业，我们将致力于使人们保持健康而非针对疾病进行治疗。

想象一下，这将如何影响制药业的去规模化。在过去的 50 年里，这一行业的目标始终是规模生产。每家公司都在寻求制造一款具有“轰动”效应的药物配方，以覆盖大多数患者。治疗关节炎的修美乐（Humira），降低胆固醇的瑞舒伐他汀（Crestor），消除勃起功能障碍的伟哥，都是经典的大众药物。研制出这样的药物意味着需要扩大实验室规模以测试数百万种物质、扩大工厂规模以制造数十亿颗药片、扩大市场营销和宣传广告的规模以说服数百万人相信他们需要这样的药物。然而，由于个体是不同的，大众流行药并不一定适合所有人，它们在个体身上的效果不尽相同，很可能对一些人而言是有害的。

数据改变了这一切。它能够精准地判断什么对你有效，并据此为你调制出具有针对性的药物，而非通用于成千上万人的药物。如果制药业的初创公司使用数据平台和租赁式生产线集中于具有特定病症的人群，并为他们定制药物，那么一切都将大不相同。在去规模化的经济中，这类小公司将能够通过这样的模式赢利。它们并不需要建立工厂或花费数年投资实验室项目。监管机构的功能将是监管制药过程、确保公司始终能够基于数据的方法制造出安全的药物，而非批准每种药物的生产。

AI 驱动的医学将允许医生们针对每位患者给出医疗健康方案，并聚焦于预防和预测性医学，这将大大减少需要住院和看病的人数。医学发展将回归过去小镇医生式状态：他们熟悉你家的情况，每当接到请求就会出诊。通过专注于个体患者和利基市场，初创公司和医生也能够与规模化的医院进行竞争并赢利。

基于遗传的技术所带来的影响将不仅仅覆盖医疗保健领域。初创公司正在使用合成生物技术小批量地研制新材料：想象一下小型的本地企业便能利用微生物制造塑料，而不需要大型工厂从石油中进行提炼了。基因工程师们将在城市的微型农场里种植农作物，这将使食品生产和企业农场经历去规模化，因而小型企业也能从中赢利，满足超本地化的市场需求。

总而言之，基因组学将使我们有能力将强大的摩尔定律和神奇的 AI 应用于生物学上。就像物联网正在产生关于自然和无生命物体的数据和知识一样，基因组学将为我们提供关于生命的数据。如果我们拥有关于生命的数据，我们便能够读懂它、操纵它，并在微观层面对它进行编辑。规模经济着眼于大众市场；而当企业家们着眼于微观市场时，去规模经济将会主导一切。基因组学将推动医疗保健、农业的去规模化，甚至控制生命的方方面面。

距离20世纪的开端1900年已经过去了100多年。我们正在重新创造我们的星球、重塑自己。AI+基因组学意味着精准健康保健将打败普遍的大众式健康保健。AI+3D打印将帮助有针对性的专业化产品战胜流行产品。AI+机器人学意味着当前的交通体系将被颠覆。AI+VR和AR将重新创造媒体和个人互动模式。所有这些技术聚集在一起将推动工业的革命，扭转一个世纪以来的规模化，推动去规模化经济。这也将是动荡与机遇并存的时代。彼得·戴曼迪斯和斯蒂芬·科特勒在《富足：改变人类未来的4大力量》中写道："人类正在进入剧烈转型时期，技术有可能会显著提高地球上男女老少每一个人的基本生活水平。"[16]他们相信新技术将不断降低产品成本，提升产品性能，使我们的生活变得更好。

但是，对人们而言，巨大的技术变革并不容易接受。卡洛塔·佩雷斯写道："社会已经建立了无数惯例、习惯、规范和规则，这使得其需要时间才能消化每次革命的成果。因此，在制度上将会发生创造性毁灭的过程。"[17] 同之前一样，创造性毁灭对于创造者而言是有利的，而对于在这个过程中被击垮的公司、消失的工作岗位和惨不忍睹的财政而言却是残忍的。

一切新技术都会带来难题，政策制定者们必须注意这些难题，并做出合理的选择。AI 和机器人将使成千上万人失业，卡车司机、保安、送货员以及更多工种都将被 AI、机器人和无人机取代。条码支付公司的电子商务平台上的自动化会计和银行系统，将使数百万金融专业人士和合同律师不再重要。基于 3D 打印的新制造业将带来大规模的工作迁移，使得生产从中国或孟加拉国的工厂重新转移到美国和欧洲的按需制造商店。这些变化不容忽视。政策制定者们需要努力制定出能够帮助人们顺利过渡到去规模化经济的方案。

掌握人类基因组学将迫使我们解决意义深远的问题。像基因编辑技术这样的发明使得我们能够改变基因，从而改变自身。我们离控制自己的进化越来越近。我能够预见提供基因编辑服务的初创公司最终会成立，其客户能够为自己购买升级功能，如使头发浓密一点儿或者记忆力更好一些。如果这成为现实，我们就有可能造成比旧的数字分化更具破坏力的生物分化。富人将有机会把自己变得比穷人更好、更健康、更聪明，贫富之间的鸿沟将扩大，这将不仅仅体现在财富和机会上，还体现在天赋和身体素质上。这对社会造成的影响将是毁灭性的。

从我今天身处的位置能够展望去规模化、AI 和其他了不起的新技术，并在全球经济体系中的许多重要行业中发现机遇。继各行各业的需求后，曾经被大公司垄断的资源正逐一流向小公司，这种全新的分配方式将打破传统行业界限，催生新的跨行业消费群体，从而促进业务的发展壮大。这种以创新的方式参与并重新划分市场的循环正在越来越快地运转，其原因在于规模正变得越来越廉价易得，以及软件和数据带来的洞悉力正引导一个又一个产品被重新设计。

这就是关于去规模化的思考与现实交汇的地方，也是作为企业家、投资者或个人的你能够在全新的经济中探索的路径。在下一章节你将会读到，主要行业将如何被重新定位发展模式，以及那对我们所有人来说意味着什么。

UNSCALED

二

/

去规模化：塑造未来的颠覆性选择

3

能源业与运输业的去规模化

解决气候变化问题对于当代的企业家而言是一个重要的机遇。AI 和去规模化经济正在为创新者们提供制造石化燃料替代品的新方法。在这个意义上，去规模化可能有助于拯救地球。但有一个问题：对能源的严格监管，尤其是对电力行业的严格监管，意味着变革可能十分缓慢。

初创能源公司网科系统（Gridco Systems）的创始人奈米什·帕特尔非常了解这一切。他对能源行业中所蕴藏机遇的切身感悟很能说明能源工业的发展方向，而他处理受监管事宜的努力也揭示了前方的挑战。1998 年，帕特尔协助创建了迅桐网络（Sycamore Networks），这家公司生产帮助数据围绕光纤通信网络移动的光开关和软件；他同时担任了该公司的首席技术官。在 20

世纪 90 年代后期公众痴迷于第一代互联网公司的背景下，该公司大行其道；2000 年，它的估值飙升至 450 亿美元。那年年底，泡沫破裂，互联网被过度吹捧的认知冲击了包括迅桐在内的一众公司的价值。2010 年前后，帕特尔离开了公司，当他找寻新机会的时候，我将他招入通用催化风投，他成为一名驻场企业家，并得到充分的时间和资金开拓新业务。

2007 年，帕特尔去了冰岛，协助成立了一家数据中心。当帕特尔在那里为通信问题提供顾问咨询的时候，他意识到大型数据中心最大的成本在于电力。这家中心建在冰岛是要利用这个国家多云、寒冷的气候来冷却机器。从屋外抽入的空气就好比免费空调。帕特尔现在说："我在那里的时候认识了一些电力服务供应商。"他发现，"许多我在通信行业认为理所应当的事情，在能源行业的情况截然不同"。这些电力系统的技术十分落后，它们无法用软件或数字电子设备自动控制电流、监测效率，也不能在发生故障时重启动力。简而言之，电网就像是一条河，一条几乎无法控制的源源不断、单向流动的河。帕特尔认为，它能够更像互联网那样运转，使得软件和交换机能够持续将电力传递给任何人。他说："我开始思考是否有机会使电力系统也具备这种自动化特性。"[1]

当帕特尔研究这一行的时候，他发现公共事业设施并不能满足拥有个性化需求的客户。客户们将太阳能电池板装在屋顶上，这些电池板会将收集的电力传回电网，而在传统模式下，一些电网并不能对之进行处理。客户们需要安装一些连接器以便更好地控制电源存储。随着特斯拉推出首款电动汽车等新产品和服务，当前用电的期望模式可能遭遇挑战、发生改变。如果数百万人整晚都在为汽车充电，那么原先公共设施的用电低谷时段将瞬间变为高峰时段。当前的电网并不能轻易监测到或回应这种客户行为的转变。

帕特尔说："我看到客户驱动的变化开始出现，通用型服务不再能够满足需求。"观察到这一点后，他成立了网科公司，为电网制造互联网式开关和软件。得益于路由器系统以及其中的软件，互联网能够在两个方向上传输信息：从任意地方的供给者到使用者，以及相反的路径。21 世纪的电网需要以类似的方式运转：使电力以最具成本效益的方式在需要的时间被传送到需要的地点，并允许任何能够产生电力的用户将电力传回系统。帕特尔将之称为"活跃的电网基础设施"。

网科作为一家小型公司可能难以彻底改变电力系统，但是这样的公司无疑将会引领能源行业的深度创新。一种解释方法是参考计算的发展史。在较早的时候，全部计算尚在公司后台的大型机器上进行，只有专业人士能够编写软件、实施使用计算机的新方法。随着计算的大众化、分散化——最初是个人计算机的普及，接着是互联网上云计算的普及，几乎所有人都能开发新应用、新产品，其结果是计算的使用频率呈指数级增长。现在设想一下，传统电网就像是大型计算机，其是一个封闭的、无法访问的系统，只有某些专业人士才能够接入、对其进行修改。根据帕特尔等创新者的思索，电力的产生和传输可以参照类似个人计算机及云计算的路径演进、逐步开放，以使能源的生产与传输实现大众化，从而允许企业家们开拓创新，用新的方法生产、管理以及销售电力，届时接入电网就像个人计算机通过互联网实现云计算一样容易。试想一下，计算的大众化是如何为创新者们创造机遇，使他们能够提供服务、开发应用程序的？互联网式的、AI 控制的电网也会提供类似的机遇，为初创公司创造大量机会。它们所开拓的新产品和新服务可能包括小型私人太阳能农场（甚至某一天能够建成小型核反应堆，关于这一点我将在本章后面部分展开叙述）以及差异化服务（以更高价格向公司出售更为稳定的电力，或者以较低价格向个人提供稳定性较低的电力）。没人能够确定到底会发生些什么，因为开放的、互联网式的电网仍是一个新概念。

在撰写本书的时候，网科正在努力应对这个抗拒创新的行业。2016 年，网科完成了 1 200 万美元的融资。相比于优步等公司数十亿美元的融资而言，这一数目不算什么。而事实上，由于监管部门和行业对创新的抵制，能源业并没有吸引到足够的资本。因此，很难确定网科公司能否继续运营下去，但是这家公司所展示的企业思维却会改变这一行业的运行模式。

应对气候变化的大部分讨论都离不开紧缩政策。反对者们认为这是亏本的买卖，极不情愿去承担这项义务，他们认为这会对经济造成毁灭性打击。美国总统唐纳德·特朗普在做出退出《巴黎协定》的决定时提出了这样的观点：这一协定旨在限制碳排放量。

但是能源企业家们所持的观点更为积极。他们从经济的繁荣发展中看到了机遇，也从帮助创新者们利用减少大气中碳排放量的全球大势中看到了机遇。但是这需要我们在监管和控制能源方面做出变革，一旦出现正向趋势，金融家们意识到能源初创公司能够带来巨大的投资回报，他们的态度也会发生变化。

正如我们所看到的那样，当互联网公司重新定义通信、零售和媒体等行业时，能源行业的后起之秀们将通过全新的途径提升电网的效率，并用先进的清洁能源技术取代碳基能源。如果说互联网的过去能够告诉我们能源大众化意味着什么，那么新能源公司则将创造就业机会、促进经济发展。削减碳排放将有利于全球经济。

1900 年，在全世界消耗的能源中，大约有一半来自燃烧的生物材料，如木头、玉米秸秆、干粪等[2]；另一半来自燃煤，这通常是为了生热，并且越来越频繁地用于运转发电涡轮机。火车和轮船也依靠煤炭提供动力。伴随汽车、卡车和飞机的迅速发展，煤炭的需求量迅猛上升。到了 2000 年，世界上几乎所有的电力都是通过燃烧石油、煤炭和天然气产生的；水电、核电以及生物燃料所占的比例要低得多。在此过程中，全球人均能源消费量增长了一倍以上，而这主要是由发达国家消费量的飙升所致。发展中国家的增长幅度要小得多，但伴随经济的发展以及生活水平的提高，民众也趋向于使用更多电力。

随着需求量不断上升，人们决定以规模化的方式来满足需求。世界很快总结出，能源经济学并不适用于小企业模式。开采石油、天然气，运输，精炼以及小批量投入市场所需花费的成本太高。同理，发电、维护电网以及为客户提供服务的成本也是如此。能源公司越大，它能从规模经济中获得的利润就越多。

我们建造了规模庞大的发电厂，因而每个工厂都能够为千家万户供电。我们建造了统一规格的电网，以同样的方式为每个家庭和每家企业供给相同的电力。我们扩大了石油行业的规模以拥抱规模经济和大众市场。埃克森美孚这样的公司已经成为《财富》500 强企业中最大的那批。（在 1955 年的第一份《财富》500 强排名中，当时名为新泽西标准石油公司的埃克森美孚位列第二，仅次于通用汽车，领先于美国钢铁公司。）

在20世纪，全世界的能源行业都在朝着尽可能大的方向发展。为了达到电能规模的最大化，我们有意制造了地区垄断，以推动规模经济。多家相互竞争的电力公司并无意义。垄断企业可以满足一个地区的全部用电需求。电力行业成为垄断行业的代价是它必须接受监管。

一个高度规模化的、垄断的、受到各种法规约束和政府监管的行业往往缺乏创新的动力，它不会去投资可再生能源，或者更为高效的、服务于利基市场而非大众市场的企业。被垄断的公共行业有底子挥霍资源，因为它们能够通过固定收益率的模式获得回报。对于它所造成的气候变化问题，规模化的能源行业毫无解决的经济动力。

这并不必然就是能源行业的问题，这关乎能源系统的建构方式。监管机构致力于使所有人均等地获取能源以及保障能源的稳定性，从许多方面来说，这是一件好事。发达国家的模式确保任何时候都能100%通电，人们随手即可打开电灯。这种模式降低了风险，提升了安全性和可预测性。所以发达国家最终形成了高度稳定、规避风险、颇为浪费的能源行业，这种模式并不能有效地解决气候变化，或者应对快速变化的电力需求，尤其是在电动汽车问世之后。在印度等经济快速发展、人口急剧增加的发展中国家，西方的公共事业模式常常被打破。在印度，花费数年时间，投入10亿美元建造的崭新的发电厂，可能并不能维持稳定的电力供给。更具创业精神的、分散化的电力生产与运输模式能够鼓励企业家们在任何需要的地方建立太阳能或风力发电设备，并将多余的电力卖给电力公司，或在需求激增时从电力公司获取电力。在全世界范围内，电力市场正在发生变革，能源行业需要更为灵活、创新才能适应这一变化。

能源行业与交通运输业齐头并进、同步发展。能源使得综合交通运输成为可能，交通运输又为能源行业制造大量需求。正如能源行业寻求规模化一样，交通运输行业也是如此。政府建造了公路系统和机场。汽车制造商合并为屈指可数的全球巨头。航空公司和航运公司通过不断壮大自身来尽可能地获取优势。扩大能源－交通运输系统对社会而言有着巨大的利益，其能使人员流动更为频繁、便捷，从而改变历史的发展。

但是，现在，大规模的能源－交通运输系统正在威胁我们的星球。对于过去的一百年而言，大规模的能源－交通运输系统是必要的选择。但是今天，当我们必须应对气候变化时，我们需要改变方向。我们需要实现能源与交通运输业的去规模化，以便企业家们更有效地创新、服务市场，正如零售、媒体等其他行业一样。

规模化的路径导致了该系统的低效率。人们过度建设电网和高速公路，只是为了确保它们能够在高峰时段为大多数人服务，然而在其余的大部分时间里，这些资源都被浪费了。汽车可能是这种肆意挥霍资源导致的低效率中最典型的例子。我们浪费了大量能源生产、养护汽车，每人通常拥有两辆甚至更多汽车，而大多数汽车在约 90% 的时间里都闲置在车位上。如果去规模化能够催生围绕共享汽车和按需式交通建立的有针对性而富有创新能力的公司，那么我们就能在消耗更少能源、生产更少汽车的基础上服务更多人群，这会大大提高能源使用率，同时将交通运输业改造为可定制服务的行业，这实际上比自己拥有汽车更为实惠。毕竟，大部分人只是想便捷出行。长期以来，在大多数情况下，自己拥有一辆大型的昂贵汽车是最优选择；但在未来几年，情况并不一定如此。

虽然能源行业和交通运输业是独立的巨型行业，但二者相互影响，并不可能分割开来，倘若经历去规模化，两者都将发生深刻的变化。如果交通运输业不实现去规模化，那么能源业也无法实现；反之亦然。交通运输最终将成为建立在现代能源平台基础上的可租赁服务，举个例子，我们将能够通过智能手机预订优步等公司的自动驾驶汽车服务。企业家、现行公司的首席执行官、监管机构以及立法者的这种想法必须也必将改变这两个行业。特斯拉首席执行官埃隆·马斯克就是一位持这种想法的出色践行者。特斯拉于2003年在加利福尼亚成立，初始业务是推广高性能电动跑车，后来它的业务范围拓展到电动轿车、家用电池系统以及太阳能发电上。马斯克认为作为能源和交通运输综合实体的特斯拉公司，是一家先锋企业，这种观念十分正确。在2016年，马斯克提出了他的“第二个大计划”（该计划是他于2006年推出的首个大计划后的第二个）。[3]他写道，特斯拉的最终目标从来都不是生产电动汽车（尽管特斯拉推出了地球上加速最快的汽车）。特斯拉旨在以制造电动汽车为切入点，结束人类对石油的依赖。马斯克写道：“从过去到现在，所有这一切的重点都是加速可持续能源时代的到来，只有这样的未来生活才是美好的。”特斯拉汽车将成为可持续电力系统的一部分，该系统包括太阳能电池板、电池以及能够通过网络进行电力管理和交易的软件。

在2017年，特斯拉开始以35 000美元的价格出售特斯拉Model 3型汽车，特斯拉向电动汽车方向过渡的进展比马斯克或任何人想象的都要快。沃尔沃汽车公司是第一家声明从2019年起，其推出的所有车型都将是混动汽车或者纯电动汽车的主流汽车制造商。汽车制造大国法国定下目标，在2040年结束国内汽油车和柴油车的销售。印度甚至更加激进，制定了在2030年后仅销售电动汽车的目标。与此同时，企业家们正在探索如何减少公路上的汽车。丰田公司支持的一家芬兰公司正在推广所谓的“出行即服务”概念。这家公司叫作MaaS Global，其开发了一项名为“奇想出行”（Whim）的预约交通服务。在2017年，全球的MaaS早期用户为使用奇想出行的服务支付的费用为100美元到400美元不等。用户在地图上选择目的地后，应用程序将列出各种可能的到达方式，包括出租车、公交车和自行车等，用户可以从中选择最佳方式，预约费用囊括了出行成本。创始人桑普·希塔宁成立该公司的依据是他在芬兰智能交通智库ITS芬兰工作时撰写的一份研究论文，希塔宁希望能将这一概念推广至全球。他告诉记者：“通过这个应用程序你就能实现‘畅游欧洲’，无论走到哪里，无论陆路还是航空，这一个应用程序就能搞定，你可以真正体验成为一名全球公民的感觉了。”[4]

国家与地方层面的政策制定者和监管者都需要拥抱去规模化，认可希塔宁、帕特尔和马斯克等企业家们的努力。如果我们能够扫清创新者们的障碍，为他们提供宽松的环境，那么20年内，能源业和交通运输业都将焕然一新。

◎◦

能源业和运输业去规模化的 10 年图景是这样的：

越来越多的住宅和建筑物的屋顶上将安装廉价且超高效的太阳能电板，其地下室或车库将安装高功率电池。没有太阳时，电池将释放太阳照射时储存的电力。电网的运营模式会更像互联网：任何人都能在亿贝式的市场中买卖电力。用电者们对于电力的来源将会有更多的选择，就像他们打电话时有多种选择（包括固定电话、手机和网络电话等）一样。

届时，越来越多的汽车将改由电力驱动，越来越少的人需要自己买车，因为在大多数人口密集的地区，按需分配式交通（很可能是优步或者来福车等公司提供的自动驾驶汽车）模式将普及。家用太阳能电池板和电池能够为家庭电动汽车充电，因而人们能够自给所需的大部分清洁能源。有些家庭可能不再需要从遥远的燃煤电厂购买电力，也不再需要去加油站给汽车加油了。

如果这些展望都能实现，那么人们将不再需要建造大规模碳基发电厂。如果越来越多的家庭和企业都能够利用太阳能发电，电网能够像互联网那样运作，将电力输送到有需求的地方，将多余的电力存储在新型电池里，以便在需要时稳定地供电，那么碳基电厂将失去存在的意义。如果帕特尔的网科以及其他的创新者能够将电网开发得更像互联网，那么就像任何人都能够通过爱彼迎成为旅馆老板一样，只要技术到位，不出 10 年，任何人都能成为小型电力公司老板。在去规模化的时代，相比于大型电厂，家庭或小型企业的电力源可能更稳定、更便宜、更清洁、更具适应性。如果新能源技术比旧技术更先进、更廉价、更清洁，那么它自然会成为客户的选择，世界也将走上一条远离大规模燃煤的新道路。

前瞻性思维催生的电力设施将发展为平台：基本上等同于互联网版本的能源系统。初创公司能够在这些能源平台上开发产品，为具有特殊需求的客户提供服务。[5]（也许你会需要这样一个充电服务套餐：闭门在家的时候为家庭供电、为汽车充电，离家在外的时候亦能在充电站为汽车补给电力。）

随着交通运输转向依靠电力、减少碳排放的模式，石油在能源链中的重要性将不断下降，就像我们目前见到的煤炭用量下降一样。到时候，人们驾驶汽油汽车只是为了找乐子，就像直到现在还有人骑马一样。加油站将一个接一个地关闭，电动汽车充电站将不断涌现。随着对石油需求的降低，油价将进一步暴跌，钻探新油井将无利可图。不久之后，碳排放量也将急剧下降。

自 21 世纪初以来，电力公司一直在谈论“智能电网”，即为电网增加传感和计算功能以监控电力流并分析电力的使用状况。自 2007 年以来，美国国会和能源部门一直致力于推动公共事业的变革、重新设计电网系统，以将其从由公共事业控制的封闭系统转变为其他人也能够连接的开放系统。像网科这样的初创公司一直在开发开关和软件，以促进电网的现代化。然而，这一过程进展缓慢，这在很大程度上是因为公共事业规避风险的本性。

这种情况正在发生变化，尤其是在越来越多的消费者和企业安装了太阳能电池板，将电力传回电网的情况下。在购买和使用能源时，客户开始要求选择和控制权。麻省理工学院客座教授伊格纳西奥·佩雷斯-阿里亚加说：“从系统可靠性和由低效率产生的成本来看，继续像往常那样经营会产生巨大的风险，现在电力行业的许多利益相关者都认识到了这一点，并希望避免这种情况。”阿里亚加同时也是麻省理工学院报告《未来电力》的作者，该报告发表于 2016 年 12 月，是一项持续数年的研究的成果，其得出的结论与本书论述的一致。[6] 其他的建议包括动态定价：使公共事业部门能够根据供需情况，对不同地区或不同时段确定不同费率，同时将电网设计得便于各种大小和电压的太阳能电池及其他类型电池接入。

综上所述，电网正在演变为平台，而作为平台，它对于去规模化举足轻重，因为其能成为像云计算那样可供租赁的资源。基于这一平台，小规模的、聚焦于产品的公司能够进行创新，并应对相对较小的利基市场。可以将能源平台称作“动力云”，它能够促使去规模化能源业务的爆炸式增长。逐渐向平台过渡的公共事业实际上将比当前的公共事业更为重要。

太阳能将成为去规模化新能源业务的主要推动力。屋顶太阳能技术的发展轨迹是可预测的，其与摩尔定律相呼应（它能够解释为什么连续几十年来，在维持原本价格的情况下，计算机每18个月便会性能翻倍），虽然其更新换代的速度还达不到那么快。尽管如此，自20世纪80年代以来，太阳能的成本已经下降了95%，而效能却在不断飙升。[7]在光照充足的气候下，安装了数英亩①太阳能电池板的太阳能农场可能是最高效的。得益于今天的技术，覆盖得克萨斯州几个乡镇的太阳能电池板便可以为整个美国提供所需的电力。[8]根据一些计算，到达地球的太阳能能量是全人类所需能量总和的5 000倍以上。我们面临的挑战在于如何收集这些能量。倘若能够解决这个问题，人类将再也不需要石化能源了。[9]

在2000年，德国的《可再生能源法》正式生效，其首次要求

① 1英亩≈4046.86平方米。——编者注。

德国部分地区强制使用太阳能。到 2017 年，太阳能已占德国电力需求总量的 7.5%，德国因此关闭了一些核电站。中国政府已经在积极投资可再生能源技术了。仅在 2015 年，中国就向该行业注入了 895 亿美元；2017 年 1 月，中国国家能源局宣布将在 2020 年向可再生能源行业投入 3 600 亿美元。[10] 由于城市中严重的雾霾和污染，中国迫切需要摆脱石化能源。与此同时，沃尔玛已经在其卖场的屋顶上安装了太阳能电池板，并宣布计划百分百通过太阳能运营。[11]（目前离这一目标还没那么接近，但它承诺在 2010 年到 2020 年间减少当前能耗的 20%。）谷歌在 2016 年消耗的能源相当于整个旧金山市的耗能，该公司曾表示，到 2017 年年底，其全球所有的数据中心将完全依赖可再生能源供电。德国、中国、沃尔玛、谷歌等国家和企业的努力推动了需求的产生，并为创新、廉价的太阳能创造了市场。根据《彭博新能源经济资讯》收集的数据，在 2016 年年底，太阳能首次在全球许多地区超越其他能源，成为更便宜的电力来源。[12]

我亲眼见证了这一幕。在 21 世纪中期，我投资了一家名为斯通（Stion）的美国太阳能电池板公司。像我这样出身于科技行业的人对太阳能业务会有一种直观的了解，因为制造太阳能电池板的过程与制造计算机芯片类似。技术人员可以不断削减太阳能电池的厚度，减少硅的使用，以及在提升电池效率的同时降低制造成本。尽管如此，制造电池板的成本还不够低、速度也不够快，因为需求的涨速还不足以证明，投入大量资金进入太阳能研发与先进制造业是明智的。太阳能所遭遇的是鸡蛋相生问题。中国克服这一问题的方法是通过强制力保证大量需求，再增设生产太阳能电池板的工厂来降低成本。我们无法承受中国制造的廉价电池板的冲击；对于许多美国太阳能公司而言，太阳能电池板成本高昂。斯通公司计划在密西西比州哈蒂斯堡创造数以千计的就业机会，但实际上只实现了 110 个。但是中国通过生产大多数人负担得起的太阳能电池板，为全世界带来了净收益。

今天的情况与 20 世纪 80 年代计算功能的发展有相似之处，最终个人计算机的发展大大降低了计算的成本，因而每个人都能够负担得起，从而开展计算机业务。太阳能技术目前也已经达到了当时个人计算机普及的状态。现在，对于个人而言，安装电池板、自己供电是经济可行的，我预计企业家们很快也能更便捷地利用太阳能。无论个人还是企业，都将能够在此基础上发展电力业务。

风力发电的情形就不一样了。在可再生能源中，风能实际上不能采用去规模化的方式。风力发电的经济属性与发电厂相似，其设计离不开规模。你在山坡上看到的巨大风车能够产生足够的能量，从而产生价值；但是倘若你在自家屋顶上架设一台小风车，那么你是很难产生足够的能量来改变现状的，这在物理学上就行不通。如果未来能源的趋势是去规模化的，那么风能在未来的作用可能就相对较小了。

虽然太阳能对能源的影响最大，但是交通运输领域的新动力技术将对需求产生巨大影响。

我们都知道电动汽车发展的程度。在 21 世纪初的时候，电动汽车还只是一场白日梦，但到了 2017 年，在旧金山湾区看到一辆特斯拉就和看到丰田凯美瑞一样寻常无奇。2016 年 3 月，在特斯拉 Model 3 型轿车进行预售的时候，数周时间便产生了 50 万张订单。通用汽车公司已经转向电动汽车领域，宣称它们将是通用的未来。世界上大部分汽车制造商都发表了类似的声明。

同时，优步和来福车已经使得全球数百万人熟悉了共享汽车的概念（也可以将之称为按需分配式交通）。在过去的 50 年里，汽车公司使我们每个人都相信我们至少需要拥有一辆汽车。共享汽车正在打破之前的状态，它在告诉我们，没有汽车的话我们该怎么到处转转。现在的情况是一辆车能够为许多人服务，而不是一个人需要拥有许多辆车。

共享汽车的下一步目标是无人驾驶汽车，它将比传统汽车更为高效。（毕竟，人就是人，一些司机会放弃接单，只因为他们想去吃午餐了。）现在，与其预测无人驾驶能否实现，不如去预测它将何时实现。当我撰写本书的时候，优步已经开始在匹兹堡推广自动驾驶汽车，福特、沃尔沃、宝马等重要的汽车公司开始预告它们将在2021年之前销售无人驾驶汽车。通用汽车和来福车正在合作开发自动驾驶汽车，并宣称已经为2021年做好了准备；尽管来福车的首席执行官约翰·齐默尔表示，这些汽车仅能服务于限速为25英里/小时的地域。特斯拉汽车在许多情况下已经完全能够实现自动驾驶，虽然仍要求驾驶员坐在方向盘后，随时做好控制汽车的准备。指望无人驾驶汽车能够在城市间随意穿行，仍然需要数年时间。卡内基-梅隆大学工程学教授拉杰·拉杰库马尔正在与通用汽车合作，他表示："这些论述都还只是愿望，尚未变成现实。要想实现无人驾驶，我们还有很长的路要走。"[13]杜克大学机械、电气和计算机工程学教授玛丽·卡明斯说，能够"在任何条件下自动行驶的"成熟的自动驾驶汽车还得再等"15到20年"才会出现。[14]

然而，只要我们顺势而为，总有一天，自动驾驶汽车将会在每个城市穿梭，到时候自己开车就和挖井取水一样多此一举。当然在一些农村地区，你可能仍然需要自己开车。

如果我们用大量的自动驾驶电动汽车取代汽油车，那么我们对能源的大量需求将从石化能源转向清洁电力，而越来越多的清洁电力将通过太阳能补给。这种需求的增长将为新能源业务创造绝佳的机会，更多企业家将被吸引成立去规模化的能源公司。

所有的这些去规模化趋势意味着世界上的汽车制造商注定将

会减少，生产的汽车数量也将下降，这本身是有益于环境的。生产每辆车都需要大量能源。设想一下，先是生产全世界所有的汽车零件，再将这些零件运送到福特或通用等公司的工厂，接着你还需要电力以维持工厂运转，最后还需要将汽车运送到全国各地的经销商处。由于每辆汽车将为更多人服务，因此只需要减少汽车数量就可以大大减少石化能源的消耗。

电动汽车和所有去规模化能源的关键问题之一在于电池。太阳能电池必须要克服的最大问题是，并没有能够储存太阳光的自然方式。油能够储存在油箱里以备不时之需，天然气也是如此，煤炭可以堆积。但是阳光呢？倘若没有太阳，也就没有阳光了。没有人愿意依赖太阳能或任何无法存储的非碳能源，因为如果你需要的时候无法立即获取能源将是件麻烦的事。找不到稳定供电的家庭电池一直在制约去规模化的快速发展。

2017 年年中，埃隆·马斯克拟在内华达州开设耗资 50 亿美元的特斯拉超级工厂，以首次尝试大规模生产汽车、家用大型电池。特斯拉认为其工厂应该能将电池的成本降低至少 70%。与此同时，世界各地的其他公司正在研究新型电池。在匹兹堡，阿奎恩能源公司一直在开发所谓的“盐水”电池，并将其安装在波多黎各的一个太阳能农场里。在英国，广受欢迎的生产流行吸尘器的工程公司戴森正在研制家用电池。在德国，奔驰生产了一种家用电池，并打算将其推广至全球市场。约翰·古迪纳夫在2017年年初宣布，他和他在得克萨斯大学奥斯汀分校的团队发明了一种玻璃电池，这种电池将使之前各种类型的电池相形见绌，包括锂电子电池，而锂电子电池正是由他在20世纪80年代发明的。根据电气与电子工程师协会的数据，古迪纳夫的新型电池能够储存3倍于锂电子电池的电能。

在2010年前后，家用电池仍然价值数千美元。它们不易安装，储存的电量亦不足以支撑接连几个下雨天。但是如果有这么多公司都看到商机，那么情形就会转变。考虑下倘若我们能够获取成本低、性能高的家用及车载电池又会怎样？届时，每家每户或者每个公司都能自给电力，从而摆脱对电网和任何碳基燃料的依赖。艳阳高照的时候，高效能太阳能电池板将产生电能，并将多余的电力存储在地下室的家用电池里，或者给车库中的电动汽车充电。

那将是能源去规模化的最终图景——每幢独立建筑将以住户期望的方式生产、使用电力，而不是由大型电力公司以相同的方式为所有客户供电。我们的电网将从可能被风暴影响的脆弱电网转变为适应性更强的分散式电网。总而言之，一旦存储问题得到解决，去规模化能源将高速发展；老式电力系统和石油公司将被淘汰。

能源去规模化的最后一个难题是数据。智能商品从2010年开始进入家庭和商业场所。为了消费者，鸟巢公司（Nest）推出了能够记录家庭居住模式，并利用这些信息更加有效地控制暖气和空调的智能恒温器。飞利浦和通用电气的智能灯可以根据照明情况的数据自动开灯、关灯。在通用电气提出的“工业互联网”企业中，思科和美国国际商用机器公司等科技巨头创造了能够将传感器嵌入几乎所有的电子产品之中的物联网产品。

所有这些物联网行为都产生了大量关于能源使用状况的数据，这些是之前从未有过的信息。这些数据将在去规模化经济中扮演重要的角色。正如零售交易或社交网络的数据能够帮助企业家为客户定制产品、满足特定群体需求一样，能源行业的数据也同样重要。这些数据将引领创新者们进入新市场、生产新能源产品。它们能帮助企业开发更先进的太阳能技术、更高效的电池以及更优质的电动汽车。数据将帮助政策制定者们更好地理解能源格局，从而制定出有助于推进去规模化的法规。

正如人们常说的那样，在 21 世纪，数据是新型石油，是运转一切的动力，而在能源领域，数据不仅仅是新型石油，它还关系着我们如何在现实中使用其他能源。

2007 年左右，我开始投资能源产业，但我担心这一行业对创新的抵制，所以我研究了基本政策，以期打破建立开放能源系统的一些阻碍。我当时住在波士顿地区，而那时候德瓦尔·帕特里克刚刚当选州长。他鼓励我和其他投资者、企业家就如何围绕能源去规模化制定政策开动脑筋，并就如何帮助企业家们在能源领域开拓业务贡献想法。我协助成立了新英格兰清洁能源协会，该协会由能源业人士、投资者、学者和政策制定者组成。我们推动了立法，包括2008年的《绿色就业法》，该法案为创造清洁能源工作提供了资金和机制保障。

不久之后，我搬到了硅谷，我在2011年协助建立了一个名为先进能源经济的公共政策组织。其中一位联合创始人是汤姆·斯泰尔，他是一名对冲基金经理、政治活动家，我们是通过共同的朋友认识的。美国前国务卿乔治·舒尔茨和科罗拉多州前州长比尔·里特都加入了委员会。现在先进能源经济组织已经在近30个州设立了办事处，其聚焦于新一代电力系统，以及如何促使法规与商业模式保持一致以促进创新。由于我参与了先进能源经济组织的工作，因此我对政策、技术和财务的相互关系，以及我们需要如何将这三者作为一个系统看待，有了充分的了解。这对能源业和交通运输业尤为重要。倘若去规模化成为主流，政策也需要巧妙地变化；否则，不合时宜的政策要么会遏制去规模化的发展，要么会使去规模化的发展缺乏指导。

从一个例子就可以看出不必要的监管多么不利于去规模化的

发展。2016 年，内华达州的监管机构妥协于现有的电力公司施加的阻力（这些公司感受到了财务危机），而这导致自家装有电池板，并将多余电能卖回给内华达能源公司的客户们的收益大幅下降。内华达能源公司一直在以每千瓦·时 11 美分的价格向太阳能用户回收过剩的电能，之后这一价格降至 9 美分，并将在 2020 年降到 2.6 美分。太阳能供应商表示，新的费率使得太阳能过于昂贵，令房主们对安装电池板望而却步。太阳能行业和内华达州的消费者保护局一直在与费率做斗争。州长布赖恩·桑多瓦说他也想支持太阳能的发展，但是内华达州需要在给太阳能产业的补贴中找到合适的平衡点。然而，价格下跌给太阳能用户造成了极大的伤害，美国最大的屋顶太阳能公司太阳城公司（亦是埃隆·马斯克商业帝国的一部分）决定退出该州，并解雇 550 名员工，这使得这一本应依靠太阳能大量发电的沙漠之州出现了太阳能产业倒退的局面。像太阳城这样的初创公司倾向于能源的去规模化，而像内华达能源公司这样的巨型企业则努力维持庞大的规模。

当政策制定者们思考去规模化的时候，倘若他们能够吸取历史经验，比如众多其他国家在互联网诞生之初重新思考电信法规的经验，那么他们就能处理好去规模化的问题。当时，监管的变化有助于加速通信业的创新，以及建立更加开放的网络。

1996 年的《美国通信法》是自 1934 年的《通信法案》以来，

通信行业的第一次重大监管变革。1996 年法案明确划分了电信供应商和信息服务商的界限，从法律上免除了后者承担法案对公共运营商提出的义务。因此，宽带服务供应商（有线电视公司和无线宽带供应商等）不再需要确保“每位用户拥有一条电话线路”。这种要求对社会而言当然是件好事。然而，那些必须为我们所有人提供可靠、负担得起的服务的公司必然是面向大众市场的、高度规模化的供应商。从这种要求中解放出来的公司除了为我们提供可靠的服务之外，还可以专注于较小的利基市场、提供定制服务，而这就是去规模化的核心。公共运营商倾向于为客户提供较少的选择。倘若允许更多创新，成百上千的初创公司便能够为小群体客户提供服务，这实质上为每位客户提供了一系列选择。而且，将客户需求置于中心位置能够再一次推动去规模化。

无论如何，能源需求将发生变化，客户将自己生产更多能源。实际上，如果公共事业无法响应不断变化的需求和定价，客户便有动力进一步接受去规模化的电能及其他能源（很可能它们会变得更便宜，并兼具更多有趣的性能），而非公共事业产生的能源（由于属于通用型服务，它们的价格可能更高）。随着用户不再依赖公共事业，公共事业维持运转的难度会越来越大，因而需要进一步提高价格，而这将导致更多用户放弃公共事业。电厂和电网等资产将被搁置，并产生亏损。有些人将这种现象称为“公共事业死亡漩涡”。

电动交通运输业的迅速变化使得改造 21 世纪的电力系统变得更为重要。关键的一步是使公共事业与初创企业联结起来，而非使它们呈对抗状态。政府需要建立全新的监管和商业模式，以推动公共事业角色的转变，使其由运营庞大的发电厂和电力传输系统转向运营软件驱动平台，并利用这类平台将家庭和小型企业的小规模电力方案结合起来。由此，电网能够成为支持企业解决方案的平台，就像互联网、苹果手机和应用程序商店一样。公共事业可能得以繁荣发展，为快速发展的初创企业提供可靠且适应性强的电力网络，以便其开发出生产、传输、交易、营销、分享和储存电力的更有效方式。

我们一次又一次见证了小公司通过利用现有平台发现新市场，从而超越业内成熟企业。这也是能源业需要发生的一幕。如果合适的技术得到发展，企业家就能使能源业实现去规模化，将其转变为由小公司和生产者以分散的方式生产、运输电力的生态系统。

通过鼓励世界一流的能源创新企业蓬勃发展，美国能够在能源领域创造就业机会。然而，美国并不太可能在低成本的太阳能制造业上击败中国，就同它没能在低成本的计算机制造业中战胜中国一样。但是在能源业，就像在互联网行业一样，美国能够给予企业家们基于商品能源平台创造产品和服务的机会。

作为一名展望未来的投资者，以下是我观察到的一些属于企业家和老牌企业的机遇。

电网网络：电网是依赖于大量老旧基础设施的传统单向系统。电网需要被改造为类似互联网系统的双向系统，以使电力在任意生产者和消费者之间流动。它需要成为像互联网那样的开放系统，这样任何人都能够在它的基础上开发应用程序，这些应用程序涉及电动汽车、智能家居以及尚未被发明的新型产品等。

在21世纪初，美国有线电视公司纷纷将其单向广播网络改造为双向宽带互联网系统。这项艰巨的任务，为诸如思科、奈米什·帕特尔的迅桐网络以及各种网络软件公司等互联网硬件公司带来了业务。改造电网的工程量是改造宽带的10倍。物理层面的改造，包括在美国乃至全球范围内替换变压器、电力线和设备，将为其所触及的每座城镇创造就业机会。这个盘子里将装有多少资金？美国土木工程师协会呼吁到2025年之前，再增加1 770亿美元用于建设电网系统。[15]

物联网和“动力云”：伴随电网改造成开放的双向系统，它将能够为建立在此平台上的产品和服务打开市场。类似云计算为许多连接设备（智能手机或菲比特等）和服务（优步和 Salesforce 等）提供了可能。我们将看到用于测量和调节电力的家用设备和室内装置，它们能够更详尽地分析电力的使用情况。（你确切知道自己所支付的电费都花在哪里了吗？很可能你并不知道！）云服务的出现能使客户可以从任意供应商手中购买电力，同时其也能汇集电力，并将电力出售给任何人。

我们很难预测企业家们将萌生出哪些聪明的想法，但是我们可以通过观察这一领域的部分初创公司一探究竟。例如，雷鸣电池中可以内置传感器和软件，为公司提供状态一览，使它们看到电力消耗、生产（如果它们使用了太阳能电池板，并将产生的电力输入电网的话）和浪费情况。一家名为巴士底狱的公司正在开发物联网设备和软件，以监控电力系统，追踪黑客、风暴所带来的威胁，以及任何可能中断电力服务的行为。

电气化交通：毫无疑问，汽车和卡车将日益转向由电力驱动。假以时日，陆路交通运输将从依赖煤炭转向依赖电力。想象一下建造充电站或者解决电气化交通运输的最大阻碍长途旅行所蕴藏的无限机遇。每间加油站都需要被改造。公司和城市里的停车场都需要配备充电站。

充电设备运营商充点已经推出了它的“快车 +”充电站服务，这些充电站能够在驾驶员停下来喝咖啡的时候为电动汽车补充足以行驶数百英里的电能。该公司首席执行官帕斯夸里·罗马诺告诉《福布斯》杂志："当你的拿铁被做好放在柜台上的时候，你的车可能已经充好电了。这就是我们想要达成的目的。这并不会比去加油站加油更费劲。"[16]特斯拉也有一款与之竞争的产品，其号称能够在大约30分钟的时间里补充170英里车程所需的电量。伴随电动汽车流行开来，预计这一市场将会呈现爆炸式发展。

存储挑战：电池技术仍是解决能源由煤炭转向太阳能或风能过程中最棘手的难题之一。石油和天然气可以存储在油罐和气罐中以备后用，而存储阳光或风的唯一方法是将之产生的能量存入电池之中。但电池还不够好，也不够便宜，尚不足以有效地解决这一问题。我们需要的电池必须能够储存足够的太阳能电力，以应对连续一周的暴风雨天气，或者支撑电动汽车行驶一整天。要达成这一目标需要在材料学中取得突破，率先攻克这一难题的公司将改变世界。

阿奎恩能源公司的杰伊·惠特克正在推动他的"盐水"电池。与特斯拉竞争的中国公司宁德时代已成为锂电池制造巨头，其生产的电池能够为电动汽车供电，也能服务于家庭。由于涉及硬科学和大型制造业，这一行业对于初创公司而言充满大量挑战，不过这并不影响风险投资流向这些公司。

新型核能发电：未来的某个时候，能源发电技术有望满足我们所有的能源需求。虽然这在今天看来还前路漫漫，但科学家和企业家仍然认为他们有朝一日能够开发出安全、可负担得起的核聚变技术，而这将即刻转变所有关于能源的争论。当前核电站依靠核裂变生电，这种反应既难以控制又会释放放射性物质。核聚变类似于太阳产生能源的方式：在巨大的压力之下，原子会融合到一起。虽然科学家已经能够引发核聚变反应，但制造反应所耗费的能量总是比聚变所生成的更多，对于为世界供给能源而言，这一模式目前并不能贡献力量。

不过，投资者彼得·蒂尔资助了一家名为氦核能源的核聚变创业公司。国际热核实验反应堆核聚变项目由 35 个国家共同参与，以期证明核聚变是切实可行的。该项目的预算是 200 亿美元，其目标是在 2025 年实现首次为反应堆通电。由微软联合创始人保罗·艾伦和其他投资者赞助的三阿尔法能源公司已经建立了一台核聚变机器，该机器能够在约 1 000 万摄氏度的温度下形成一个超热气体球，并保持其 5 毫秒（5 毫秒要比此前的成果长得多）不衰变。华盛顿大学物理学兼职教授汤姆·贾博的研究领域是受控聚变，根据他的观点，全球每年对能源领域的投资达近 2 万亿美元，而用于核聚变研究和开发的部分只有数亿美元。如果人类致力于摆脱碳基能源，那么对核聚变研究投入更多资金将是非常有价值的投资选择。

4

去规模化的新型医疗

在奥斯曼·拉拉吉和埃拉德·吉尔加盟推特后的几年里，他们常常一起爬到公司旧金山总部的屋顶上，花上一小时，一边吃午餐一边谈论技术和接下来能够做些什么。拉拉吉是做大系统软件的，拥有麻省理工学院工商管理硕士学位。吉尔拥有麻省理工学院生物学博士学位，生来便对遗传学感兴趣。在 21 世纪初期，他们都曾在谷歌工作。到了 2007 年，他们共同创办了混合实验室，他们开发软件，帮助基于云技术的应用程序更充分地了解其用户的定位。2009 年，他们将混合实验室卖给了推特，自此后便开始了屋顶午餐会。

在 2011 年的一次午餐会上，吉尔带来了一个硬盘。他花费了约 5 000 美元为自己进行了基因测序。10 年前，做同样的基因测序需要花费10亿美元。现在，吉尔的基因就以数据的形式存储在这个普通的硬盘上。这令拉拉吉着迷，他的家族有乳腺癌易感基因突变，这种癌症遗传易感性因为安吉丽娜·朱莉而名声大噪，她在2013年发现自己携带这种癌症易感基因，于是主动选择割除双侧乳腺以预防乳腺癌。因此，拉拉吉请求借用硬盘，看看他能用这些数据发现些什么。拉拉吉现在开玩笑说："我告诉埃拉德，我会用它找到他身上所有的故障。"[1]

拉拉吉潜心研究，他发现市面上用来分析遗传数据的软件非常糟糕。这还是比较委婉的说法，他的描述更加生动："它们烂透了。""我们处于遗传学的'前浏览器时代'。"他说道。换句话说就是用遗传数据进行任何研究的结果都是令人沮丧、毫无进展的，这就好像在20世纪90年代中期浏览器还未问世的时候上网一样困难。由此，拉拉吉意识到这是一个机遇。科学已经解锁了对基因组进行测序的能力，我们能从自己的DNA中提取原始遗传数据，但我们尚无经济有效的方式分析这些数据以探寻其中的奥妙。拉拉吉和吉尔相信，倘若解决这个问题，每个人就有可能以经济实惠的方式探索他们基因数据的秘密，从而以更健康、长寿的方式生活。

2013年，他们两人协助创建了彩色基因组，其基础理念源自拉拉吉和吉尔的一个想法——使尽可能多的人能够负担得起获取自身基因数据信息的成本。我之所以投资它，是因为相信基因组学能够从根本上改变医学。彩色基因组团队打造了一项由软件驱动的服务，其能够测试与癌症相关的基因，例如乳腺癌易感基因。通过实验室自动化以及利用 AI 和机器人技术进行遗传分析，彩色基因组将基因测试的成本降低到了 249 美元，这个价格低到许多消费者能够在不依赖保险的情况下支付测试费用。

2017 年，当我在撰写本书的时候，彩色基因组和依诺米那（Illumina）等公司正在推动进一步降低基因组测序的成本，并从基因数据中获取更多信息。这一轨迹十分明显：在 10 年内，将成本压缩到足够低，从而使得每个新生儿都能获取自己的基因组测序，以备当前和未来分析之需（人类的基因构成一辈子都不会改变）。随着成本的下降，进行基因组测序的人群也将会扩大，现在已经成年的人也将囊括进去。

在我们收集这些遗传数据的时候，医疗保健将不仅仅依靠医生的直觉和经验，也依赖于我们每个人身体的数据以及它们所揭示的情况。遗传数据只是这种变化的一部分。我们正在越来越多地收集关于自己的数据，例如菲比特收集到的重要数值，我们的电子健康档案所记载的健康史，以及我们的移动设备所收集到的我们做了些什么、正在做什么的数据（如果你患有莱姆关节炎，那么知道你是否去过莱姆病流行的地区，将有助于诊断）。所有这些与健康相关的数据正在成为初创公司领导者们的素材，他们希望通过经济有效的方式了解每个人身体内部的状况，从而提供新型医疗服务。这些服务并不以适用于大部分人的治疗方式来治疗糖尿病、高血压等疾病，而是以对你有效的医疗方式来治疗你的疾病。药物是依据对你有效的方式开具甚至制造的。每个大型药物实验室都在进行这种研究。

这就是适用于个人，而非大众的个性化医药的诞生。下一个10年，医疗保健行业将与今天的状况大为不同。医生将与AI系统携手合作，这种系统能够监测患者的数据，以充分了解每位患者的身体。我们并不需要建立更多大型医院，因为去规模化的医疗保健行业将能满足患者越来越多的需求。药物将根据每位患者的实际状况量身定制。医疗人员将知道应提前采取哪些治疗手段，而不用像现在这样等待药物治疗或手术显现效果后再做处理。随着去规模化的发展，医疗保健很可能变得更便宜、更易获得，以及更有效。

了解医疗行业为什么会形成规模化，有助于我们思索如何实现它的去规模化。过去的50年来，联合健康集团一直是医疗保健

产业扩张战略的代表。该公司由理查德·伯克创立，他在佐治亚州的玛丽埃塔长大，在20世纪60年代就读于佐治亚理工学院，并获得工程学学士学位，之后又获得了工商管理硕士和博士学位。在大学期间，伯克在一家保险公司实习，工作内容为处理健康声明。他对该领域的兴趣引导他进入了一家名为国际研究的医疗智库工作，该智库位于明尼苏达州的明尼阿波利斯。

当时，加利福尼亚州儿科神经学家保罗·埃尔伍德正在筹建医疗保健组织，以控制医疗成本。埃尔伍德曾为尼克松政府提供关于医疗保健方面的咨询服务。直到20世纪60年代，美国的医疗保健行业仍像是手工作坊。连锁医院还很少见，大部分医生都独立工作或以工作小组的形式工作。但到了20世纪70年代，随着婴儿潮那代人步入中年，以及寿命的延长导致老年人数量增加，患者淹没了医疗系统，造成了供求关系失衡，并抬高了消费者和健康保险公司的花销。医疗保健组织成为一种潜在的补救方法，它们以收取订金的方式为患者提供医疗服务，使他们无须在每次就诊时额外付费。医疗保健组织为医疗行业开辟了一条集中资源，为大众市场提供标准化医疗服务，并充分利用规模经济优势的新路径。

在国际研究这家智库中，伯克为医疗保健组织拓展了新思路，在入职3年后，他想在现实世界中建立自己的医疗保健组织。所以，在1974年，伯克在明尼苏达州明尼通卡成立了一家小型医疗保健组织——查特医疗。它很快就以联合医疗集团的名义进行了重组。

随着联合医疗集团在明尼苏达州发展壮大，它开始收购其他医疗保健组织以及相关公司以扩大规模。在 1995 年，它花费 1.65 亿美元收购了梅特拉健康这家由旅行者集团和大都会人寿共同持股的医疗保健公司。1996 年，它收购了美国健康观点这家在美国南部经营的医疗保健组织。1998 年，它收购了亚利桑那州的健康伙伴公司。它还收购了一些医疗保险公司和一家巴西连锁医院。基本上，联合医疗集团持续了 40 年的疯狂并购。

事实表明，联合医疗集团是整个行业为了扩大规模而实行的并购浪潮的前沿力量。根据哈佛大学的一份报告，从 2007 年到 2012 年共有 432 次医院并购交易，涉及 835 家医院。医疗保健公司不仅进行横向规模扩展，也进行纵向的扩展，囊括了医学的各个方面。到了 21 世纪 10 年代中期，60% 的医院也提供家庭保健服务，37% 的医院拥有专业护理设施，62% 的医院提供临终关怀服务，15% 的医院提供辅助生活选择。联合医疗集团成了全球最大的医疗保健公司，它每年在美国接待近 4 000 万人，在巴西接待近 500 万人。其他类型的医疗保健公司也寻求实现超大规模。快捷药方公司成为美国最大的药房福利管理机构，每年处理逾 13 亿起索赔案件。大型医药分销商麦克森公司现在年收入超过 1 000 亿美元。实验室公司和奎斯特诊断公司这两家企业主导了测试业务。强生、辉瑞和一些其他公司已经成为全球制药业巨头。

在过去的四五十年里，扩大医疗行业的规模一直都是正确之选。它为发达国家的大多数人提供了效果良好的医疗保健。它反映了世界大部分地区的基本信念：即使最贫穷的人也应当享受医疗保健服务。美国以外的绝大多数发达国家，是通过由政府运作的全民医疗计划来达成这一目标的。规模化的医疗保健行业单纯地通过为更多人提供医疗服务，来帮助普通人维持健康。在 1960 年，美国人的平均预期寿命为 69.8 岁。30 年后的 1990 年，美国人的平均寿命达到了 75.2 岁。根据美国疾病预防中心的数据，目前美国人的平均寿命约为 78.8 岁。[2]

20 世纪医疗保健行业的经济学逻辑建立在人们生病后需要得到治疗上。毕竟，只有当人们需要治疗的时候，医生和医院才能根据“按服务收费原则”获取收益。近年来，这一行业一直在推动根据结果付费的模式，以激励医生和医院更好地照料病人。然而，仍旧缺乏个人数据以帮助医疗行业预见、防范健康问题，因而这一系统的运作模式仍是人们意识到自己生病了，再去医生那里进行治疗。

当然，治疗病人的花费要比医疗保健高得多，就好比在汽车发生故障后修理汽车的花费要比平时保养汽车的高得多。为了具有经济效益地为所有病人提供医疗服务，该行业必须保持规模以降低成本、提高利润。医药标准化的程度越高，该行业通过治疗大量病人赢利的可能性就越大。这一点适用于医院、医生以及医疗设备制造商。经济上最成功的药物是那些适用于最多患者和最常见病症的药物。当医疗保险能够为最大规模的潜在客户群体分散风险时，它便运转得最好。

但是今天，庞大的规模意味着巨大的花费，而它所带来的益处开始减少。2015 年，美国在医疗保健上投资了 3.2 万亿美元，人均 10 000 美元，相当于国内生产总值的 17.5%。2016 年，全科罗拉多州医疗保健基金会主席文斯・马科夫奇克与科罗拉多州前州长理查德・D. 拉姆写道："在 3.2 万亿美元的医疗支出中，70% 直接用于支付医疗费用，其余 30% 包括管理费用和公司利润，这是其他国家的两倍以上，我们总支出的约 1/3，高达 9 000 亿美元，被浪费、骗保和滥用了。"[3]

在过去的 25 年里，医疗保健通胀率是整体通胀率的 3 ～ 4 倍，而即便美国的医疗保健成本迅速上涨，对于患者而言，医疗服务却没有得到相应改善。在世界卫生组织就医疗质量对国家进行排名的榜单中，美国排在第 37 位，落后于哥斯达黎加、摩洛哥和希腊等国家。

《哈佛健康通讯》编辑雷戈里・柯夫曼指出了规模化增加成本

的一种情况。柯夫曼写道：“当单个医院合并为更大的系统时，其在健康市场中就占据了更大的消费者份额，其因而不得不要求医疗保险公司支付更多医疗费和手续费。这些多出的费用并不是由保险公司承担的，而是由保费更高的消费者承担的。[4]因此，一些经济学家认为，合并会增加医疗成本，并给消费者带来额外的财务压力。”

规模化医疗保健的另一个问题在于，虽然该行业可以通过建立更大型的基础设施，以及标准化的流程来进行扩张，但它无法有效地增加医生的数量。近几十年来，伴随人口的增长和老龄化问题，这一行业需要的医生数量不断增加，而这是一种不可持续的状态。世界卫生组织的报告称，到 2035 年，世界范围内的医疗保健从业人员缺口将达到 1 290 万人。如果我们持续聚焦于以大众医疗的方式治疗患者，医生的短缺意味着越来越多的人将被列入等待治疗的名单，或者他们必须前往其他地区才能接受治疗。

规模化的药物开发正变得越来越具有挑战性，在这种模式下，我们曾生产出具有奇效的阿普唑仑、立普妥和伟哥。药物开发已经被所谓的反向摩尔定律（Eroom’s Law）所支配，它在英文字面上是摩尔（Moore）的反向拼写，在概念上则与摩尔定律相反，摩尔定律指的是计算能力持续变得更强大、更廉价。相反，药物的价格正变得更高，而效用却越来越不显著。根据塔夫茨药物研究中心的研究，现在开发一种新药的成本是26亿美元。从1950年到2010年，虽然实验室采用了新技术促进研发，但制药业的研发成本增加了100倍。制药业正在受到所谓的“要比披头士乐队还好”难题的挑战：由于大多数可以用药物治疗的人类疾病已经有了相应的药物，而新药只有比旧药更好才能投入大众市场、带来投资回报，这使得开发新药变得更加困难、昂贵，只有大公司才有能力花费这么多钱来制造药物。那么，倘若要激发大众市场的需求，只有开发新药才是划算的。

去规模化以及将AI应用于大量新型数据储备设备上为减少对大医院和医生的需求、扭转成本失控的趋势，提供了一种可行的方法。

利沃戈的首席执行官格伦·塔尔曼，结合自己的经验，精彩地描述了医疗保健行业去规模化的转变。他说：“医疗保健曾是最为本地化的事情。你在家乡的小医院就能得到治疗。然而，伴随我们专业知识的增加，每个人都跟风去了大医院。”[5]但是大医院也有自身的一系列问题。塔尔曼指出：“如果所有病人都被安置在一起，你就可能二次感染。前往大医院既不容易，也不方便。所以请假设：倘若我们尝试另一种方法呢？倘若我们能够根据需求实时获得医生的帮助而不用等候医生呢？最初，我们认为那是属于富人的特权。但这与优步公司的服务其实没什么不同，如果几年前我跟你说：'我想要的是这么一辆车：每当我有需求的时候它就会停在我家门口等我，带我去我想前往的任何地方。'你可能会说：'你想要司机、豪车和所有的一切。你简直疯了。你压根负担不起！'但是现在每个人都能够享受这一服务了。"

所以为什么不相信每个人都能够拥有按需分配式的医生呢？为什么医疗保健行业不能像优步使得交通行业实现去规模化发展那样，也实现去规模化呢？

塔尔曼谈到了他自己的去规模化医疗保健经历。之前已经提到过，他的儿子萨姆是一名足球运动员，曾连续两年摔断了自己的手腕。这两次伤的并不是同一只手，但情况类似。第一次，塔尔曼带他去了一家大医院，花费了 5 000 美元和一整天的时间才完成了治疗。他形容那是一次"糟糕的经历"。

第二年，萨姆摔断另一只手的时候，之前为他做手术的医生在城里开了一家专门的小型手术中心。塔尔曼和他儿子驱车前往，停在中心前面，只花费了一个半小时就完成了治疗，而且费用只有上次的一半。那名医生建立了一家医疗中心，充分优化了他所能做的一切。塔尔曼说："实际上，他现在一天可以完成更多工作，因为他不再需要去做医院里那些繁重的杂活了。他可以约见更多病人；诊所里等待的患者少了，也降低了二次感染的可能性。各方面都变得更加简单，患者的就诊体验也得到了提升。”

还有另一个例子发生在纽约市外的长岛：一家名为美国犹太保险集团的公司推出了一项名为“居家访视”的旨在关怀老年人的服务。多年来，老年医学专家一直警告称住院治疗会加速老年患者身体的衰退。然而当老年人跌倒或者胸痛时，救护车往往会将患者送往医院。居家访视试图让上了年纪的病人远离医院。医护人员乘坐 SUV 而非救护车抵达，他们随身携带医疗设备以便随时向医生发送信息。居家访视项目的一名内科医生凯伦·阿布拉什金告诉《纽约时报》：“许多之前需要在急诊室做的事情，现在在家中就可以安全有效地完成。”阿布拉什金指出，对于身体虚弱、患有多种疾病的老年人而言，“医院并不总是最安全或最合适的地方”。[6] 实际上，正如《纽约时报》所报道的那样，美国犹太保险集团的社区医护人员项目组曾在《美国老年医学会期刊》上发表了成果，介绍了 16 个月里 1 602 名在家接受治疗的患者（平均年龄为 83 岁）。当社区医护人员接到服务需求时，他们能够做出评估，并在家中治疗 78% 的患者（最常见的是呼吸急促、神经和精神疾病、心脏和血压问题以及身体虚弱）。通过便携式技术、移动通信和能够立刻被传回医院分析的即时数据，美国犹太保险集团已经争取到一部分医院客户，并开始为他们提供更好的服务，这就是去规模化的本质。去规模经济正在以同样的方式，不断催生更小、更集中的医疗保健业务，这些业务能够具有经济效益地分化社会需求、占领部分市场，处理像摔断胳膊、老年护理等问题，并为医疗系统中有这类需求的客户提供更优质、更便宜的服务。

一个去规模化的、数据驱动的医疗保健系统将以个性化的方式治疗糖尿病患者，而非以统一的方式治疗每一位病患。在接下来的几年里，你将可能会得到根据自身基因组成配制的药物（而不用担心可怕的副作用），这样医生就能在你用药前预知疗效；你无须再服用成百上千万人都使用的药片，并指望它们发挥作用了。生病后，你无须再去看医生，你的“云医生”将不断监控你的数据，知晓你身体状况的变化；它还会告知你，在生病之前采取行动或联系医生。

在去规模化的医疗保健世界里，最佳商机在于促使人们保持健康，这样他们就可以避免看医生或者去医院，也无须承担与之相应的费用了。

去规模化医疗保健背后的驱动力是现在不断被收集起来的关

于我们健康的数据，以及协助分析这些数据的 AI 软件。基因组学将在医疗保健领域发挥巨大作用，它的优势无法估量。可以与之类比的是 20 世纪 70 年代的情况，那时候信息刚刚开始数字化。在当时还很难想象今天的数据库、数字媒体和数据分析。我们尚处于基因组学的早期阶段，根据瑞银证券的数据，只有不到 0.01% 的人做过基因组测序。获取遗传信息的成本的下降速度比摩尔定律所预言的还要快，其从一个只有政府能够资助得起的项目变为向彩色基因组公司交纳 249 美元就能进行的测序。不难看出它的成本还将持续下降，最终变得与常规验血一样平常。麻省理工学院和哈佛大学的基因组学研究中心博德研究所预计，到 2025 年，迅速发展的基因测序每年将收集一个泽字节（一百万的六乘方字节）的数据。一个泽字节相当于 2016 年全球所有互联网流量的总和。

随着基因检测价格的下降，越来越多人会出于各种原因开始意识到有必要将 DNA 样本送到实验室去。举个例子，直接向消费者销售其服务的“23 与我”公司提供了一种基因测试服务，该公司会在测试后向消费者出具一份报告，报告内容包括关于祖先的信息、包含秃顶在内的个人特征以及你是否为囊性纤维化等遗传病携带者等信息。大型族谱网站祖先网接受消费者邮寄的唾液样本，并会寄回关于其种族起源的报告。祖先网宣称拥有世界上最大的用户 DNA 数据库，样本来自 400 多万人。所有的这些消费活动并不仅是为了乐趣；无论出于何种原因，被测试的人群越多，被收集起来的关于遗传的数据也就越多。更多数据意味着我们将掌握更多信息，也将使得基因测试变得更有价值，这样我们离“让所有人都能从他们的基因组测序中受益的那天”就又近了一步。

来自基因组测序的数据将成为个性化医疗的关键，美国医学会主席安德鲁·古尔曼解释说：“我们可以利用基因检测方面的创新来对患者进行更准确的预测、诊断和治疗，而不必采取通用的方法。”[7]美国疾病预防控制中心声称，研究人员可以利用基因组学治疗罕见的遗传性疾病，这将使约 2 500 万美国人受益。这些信息能够为医疗保健行业带来许多创新机遇，例如个性化的癌症疫苗。在我撰写本书时，康涅狄格大学免疫学系代主席普拉莫德·斯里瓦斯塔瓦博士正在招募患者参与世界上第一例基于基因学研究的卵巢癌疫苗实验。“以前的个性化癌症疫苗依赖于判断；而通过基因组学，我们就可以知道每位患者的疫苗的独特之处。这是整个癌症免疫学和免疫疗法领域显著的进步。”[8]

基因组数据能够揭示人体信息，但也仅限于细胞内的情况。在当前的医学新时代，医生将能够综合基因数据和大量额外的重要体征数据对病症进行判断，这些影响健康的数据包括你的生命体征、个人活动、吃过的东西以及去过的地方。所有的这些数据将通过物联网收集起来。

塔尔曼的利沃戈就是一家将物联网引入医疗保健行业的公司。利沃戈的连接设备能够为糖尿病患者采集血糖指数，并将这些信息发送回基于 AI 的系统。这些设备将采集越来越多你能想象到的数据，并将它们传回系统进行分析，这些数据包括心率、血压、体温和睡眠时间等。一家名为未来路径医学的公司制造了一款名为 Urosense 的设备，该设备可以监测导尿患者的尿液，其得到的数据能够帮助预测肾脏问题和前列腺肿瘤。医生会订购一些这类设备；而最大的客户源则是希望学习如何保持身体健康以及更好个人状态的消费者。分析师组织研究之光（Research Beam）预测物联网医疗保健市场的价值将在 2021 年达到 1 360 亿美元，比 2014 年高出 600 亿美元。

此外，手机能够记录我们在哪里以及我们去过哪里，而通过交叉分析某个人去过的地方可能有助于诊断出他是否患有该地区常见的疾病。我们在网上订购食品和杂物的数据与其他医学数据一样，有助于我们的医疗保健。我们的线上活动可以追踪我们工作和运动的情况。所有这些数据都可以揭示我们的身体状况。在某些时候，健康数据可能会一股脑地流入某个个人健康软件，这一软件又与其他各类个人软件和设备相连。瑞银证券在一篇关于新健康科技的报告中写道："脸书上有大量有价值的个人数据，但大部分价值来自允许手机上的其他应用访问脸书文件，你可以用你的脸书账号授权登录许多苹果手机应用，这提升了脸书数据的价值。我们可以设想一种类似的情况：某家基因组学公司也可以通过成为个人数据中心来提升其价值，例如将数据提供给苹果健康之类的应用程序，或者连接至菲比特等穿戴型生活设备。”[9]

我们会将这些新数据汇总成一个更为重要的信息流——我们的个人健康记录。经过多年讨论，电子健康档案终于面世。根据《贝克尔医院评论》的数据，在 2009 年，16% 的美国医院使用了电子健康档案；到了 2013 年，这一比例飙升至 80%。随着我们的健康记录变得数字化、可搜索，患者能够轻易访问档案，并更好地掌握自己的健康状况。来自物联网设备的数据、基因测试、实验室测试和医生的笔记都有助于人们加深对自己身体和健康的了解。

这就是 AI 在医疗保健领域发挥作用的方式。由于 AI 是会学习的软件，因而 AI 系统可以接收关于你的数据，从而了解你并识别你的健康模式。随着更多信息的涌现，例如物联网设备监测到的心率或者血糖数值，AI 软件可以查找出可能表明你生病的数值变化。这一系统能在疾病早期，也就是更易治疗的时候发现它们。

在未来，如果你身体不适，你可能不会去科室齐全的综合性医院，因为你已经知道自己哪里不对劲，并且可以找到精细而专业的方式来治疗疾病。对综合性医院的大众需求将让位于聚焦医疗保健的个人需求，可能街角的诊所就能够满足你治疗的需要。

自从医生不再提供上门服务以后，前往医生的办公室，在被白炽灯照亮的满是病人的房间里等待，变成了寻常的经历。然而作为即将发生的变革的缩影，一家名为云杉（Spruce）的初创公司向前迈进了一步：它能够让你通过智能手机“看”医生；云杉由雷·布拉德福德创立，他曾是亚马逊网络服务的高管。云杉最早关注的领域是皮肤病学。下载并打开它的软件，你将得到一系列条件选项：痤疮、湿疹、蚊虫叮咬等。根据病情，它会询问一系列诊断问题（请描述您的肤质：中性、油性，还是干性）。之后，它会根据你的情况让你拍照上传。最后你可以选择一位医生咨询，并将一切信息发送给他 / 她，或者选择“首次使用”。软件承诺会在 24 小时内给你回复，大部分情况下其会将处方药发送到“我的药房”，并附上注意事项对你进行指导。一次服务收费 40 美元，比许多专家的挂号费都要便宜，这意味着即使没有保险覆盖，患者也用得起云杉。

云杉是一系列围绕掌上医学的初创公司中的一家。你甚至不能将它称为“远程医疗”：这一术语已出现一段时间，其通常意味着实时的、网络电话式的视频互动，而新服务正在重新思考基于智能手机、移动网络和云基 AI 的医学。掌上医学公司一对一医患服务和医疗问答都将自己称为“医生中的优步”，它们都已募集到超过 2 000 万美元的资金。其他应用程序可以收集血压和心电图读数，并将它们发送给心脏病专家。用于检查眼睛的应用程序正变得和“眼科医师在你面前用专业设备对你进行测试”一样精确，可能过不了多久，瓦尔比·派克眼镜公司就能通过你的手机为你提供专业眼科检查。

随着医生使用数据和 AI 的频率越来越高，他们将能够比现在更快、更准确地诊断疾病，这也有可能大大降低医疗成本，使得人们更加健康。美国国际商用机器公司的沃森 AI 技术正在展示与医生一起工作的可能性，它能够通过询问患者问题来帮助医生做出准确的诊断。它已经在克利夫兰诊所和少数其他医疗机构进行了测试。录入沃森系统的医学研究和案例研究词汇多达数百万，远远超出任何医生的认知。（医学信息每 5 年便会翻一番；81% 的医生表示他们每个月用于阅读医学期刊的时间为 5.5 个小时，甚至更少。医生们最多只能了解最新文献中的一小部分。）当患者出现异常情况的时候，医生和沃森能够进行数据交互以缩小诊断范围。这不仅有助于患者得到更好的治疗，还有助于医生更快地诊断，减少研究时间。克利夫兰诊所副首席信息官威廉·莫里斯说：“我们感觉它在解决医生过度疲劳的问题上很有潜力，也对医生陷入数据困境、缺乏综合知识的问题有所帮助。”[10]

随着时间的推移，像沃森这样的AI系统将能够在持续阅读、学习更多医学知识的同时了解患者，从而为使用它的医生提供更准确的答案。任何经营现代医院的人都需要学习收集患者的数据，以及如何将这些数据转化为更优质的关怀看顾。

彩色基因组公司的拉拉吉说："作为一名计算机学家，我认为AI技术能有效帮助医生。他们依赖于决策树，因而我们将其设计得十分简单，使其简单易懂。我们在医学院里加载AI软件，但之后，它会在一系列有限的信息输入和复杂性的基础上做出决定。"[11]现在的机遇与优势在于，医生与AI系统携手并进，他们所能接触的数据和医学知识是单凭人力所永不能达到的。拉拉吉说："与其说医生像拥有稀缺的一技之长的人，不如说他们更像数据从业者。"

数据和AI结合在一起能够帮助机器人"学习"把工作做得更好。在医疗保健行业，机器人已经能够参与像眼部手术这样精细的环节。毫无疑问，在某些类型的手术中，机器人最终会比人做得更好。它们比人更精确，也不需要休息。人类医生并不会从手术室里被淘汰，相反，他们将成为机器人的合作者。如果编程机器人能够模仿最优秀的外科医生，那么许多小诊所将受益。超过200家公司已经积极参与了医疗机器人市场的各个方面，为许多应用程序制造高度专业化的设备。达·芬奇手术系统机器人于2000

年获得了美国食品和药物管理局的批准进入市场，这种机器人旨在帮助外科医生进行微创手术，它甚至可以精准地剥开葡萄皮。当然，其中一些机器人需要时间来加以完善、获得接纳。例如，赛达西斯是强生公司开发的机器人，它能够在麻醉师不在场的情况下为常规手术提供麻醉并实施监测。2013 年，它在经历大量安全试验后获得了美国食品和药物管理局的批准进入市场。它可以大大降低麻醉成本，使用赛达西斯进行麻醉的费用约为 200 美元，而人类麻醉师的费用约为 2 000 美元。然而，正如你可能想象的那样，人类麻醉师们对此纷纷抱怨，于是之后医院不再购买这一机器人。在 2016 年，强生不得不停止生产赛达西斯。[12]

大多数大众药物都是不精确医学的缩影。《自然》显示，美国总收入排名前十的药品中，有效率的范围为 4% ～ 25%。对于某些药物而言，如降低胆固醇的他汀类药物，有效率只能达到 2%。[13] 你可以这样思考：要获得美国食品和药物管理局的批准，制药公司必须证明药物是安全的并且适用于大多数人。但你并不是大多数人，你只是你。如果说一种抗癌药会加重一半人的病情而拯救另一半人的生命，那么它是无法获得批准的。但是数据 +AI 的个性化医疗能够在患者用药前了解他们的基因构成，那么患者得到救治的概率将大大提升，到时候药物开发和审批的理念就完全不同了。凯文·凯利在《必然：了解将塑造我们未来的 12 种技术力量》一书中写道："N=1（只适用于个人的药物试验）的试验在科学上可能是无效的，但事实证明它对个人而言非常有效。从许多方面来说，它都是理想的试验，因为它所测试的变量 X 是针对你在特殊时间段里的身体和精神状态而言的。谁在乎这种治疗对其他人是否有效呢，你想知道的只是它对你会有什么影响。而 N=1 试验正解决了这一问题。"[14] 正如你可以想象的那样，N=1 试验需要与美国食品和药物管理局相适应。该机构的任务是测试适用于一般人群的药物。看上去，美国食品和药物管理局的整个运作过程需要经历彻底的变革。

尽管如此，如果研究人员能够在患者服用药物之前便通过数据了解药效，那么更多药物将通过审批，从而降低药物开发的成本。新型药物将不再具有这样的举证责任，同时，如果开发成本较低，那么即使只有很小的潜在市场也是有利可图的。小型初创药物制造商将有机会快速地为专业化市场开发新药，并成功击败"大制药厂"。最终，医疗保健行业的期望是数据 +AI 能够针对每个人定制药物。基因数据能够帮助医生找出对特定患者起作用的合成物，之后制药公司便能够为该患者制造一次性药物，而非制造和销售大众药物。

即将涌现的大量遗传和健康数据将对保险业产生巨大影响。在某种程度上，美国关于全面健康保健的政治争论是错误的。政策制定者应当制定针对个体的个性化保险。如你所想，这可能会遭遇很多问题。所有能够帮助医生预测你何时会生病的数据，也可以帮助保险公司预测你未来的健康状况。如今的保险业运转得很好，因为来自相对健康人群的保险费能够补贴支付给病人的高额保费。但如果保险公司能够精确地预测确保你健康所需的费用，那么它便可以根据金额向你收取保费。那应该意味着，关爱自己且几乎没有疾病遗传倾向的人，应该据此缴纳非常低的保费。吸烟、不运动、基因预示未来可能患病的人需要支付更多费用。一些人的健康保费远远少于另一些人，这可能看起来十分不公平，如何处理好这一问题是政策制定者们需要努力思索的。

还有一个需要与保险同时把握的问题：个性化的、预防性的、去规模化的药物应当以更低的成本保证更多人的健康，因为它能在早期轻易地发现癌症、心脏病等疾病，那时候这些病症还较易处理。你公布给保险公司的健康数据越多，你的保费就应当越低，因为数据越多，卫生专家便越有可能提前阻止疾病的发生。是的，这是一个重大的隐私风险，但我们每个人都需要权衡这个风险与我们为医疗健康和保险支付的费用。不愿意公开自己数据的人最终将支付更多费用，比那些患了病但愿意公开数据的人还要多。这要求我们每个人做出权衡。

医疗保健正在从模拟物转向数字化。虽然要复杂得多，但这与音乐等从有形载体（黑胶唱片、盒式磁带）转向数字化（CD、下载文件和现在的流媒体）并没有多大差别。长期以来，聚焦在医生、放射科医师和其他专家的大脑中的关于医学的知识正在转变为数据。医疗保健的全部重点正在从提升医疗条件以保持人体健康，转变为在出现症状之前预防疾病。而且它正在经历去规模化，从扩大大众市场规模的方式，转变为缩小规模、针对个人市场的方式。所有的这些都为通过技术改造根深蒂固的医疗模式提供了大量机会。时间追溯到 2005 年左右，那时我甚至很少考虑医疗初创公司，而今天，医疗保健已成为我们公司最激动人心的投资领域之一，我们正在看到创新型公司不断将医疗保健产品推向市场。

以下是我观察到的一些机遇。

个性化健康科技：为了帮助糖尿病患者控制疾病，利沃戈打造了一款像智能手机那样便于使用的无线装置，患者可以通过云连接到利沃戈软件，如果必要的话还可以使用人工服务。仅在美国就有约 3 000 万糖尿病患者的市场，更不用说全世界还有数亿人患糖尿病，而这只是一种疾病。

毫无疑问的是，我们将看到连接型医疗设备和服务的浪潮。

2016年9月，在跟踪接受风险投资的科技公司之后，CB视野锁定了72家连接医疗设备初创公司。[15] 为了了解即将推出的各种设备，一家名为正交传感器的公司制造了一种能够进行膝关节置换的设备；一家名叫重要连接的公司制造了名为健康补丁的设备，它看起来像一个大绷带，其能够读取人的心率、呼吸频率、体温和身体姿势，并将其传送给医生或医院；一家名为维沃感官医疗的德国公司正在销售卵泡环，女性可以将其置于阴道分析身体状况，从而了解自己何时最易受孕。

医疗器械的另一个转折将是能够帮助患者按照正确的方式服药的连接药物。（医疗保健人士认为大约有一半药物没有按指示服用。）历史上所有的药物都是愚蠢的：药物并不了解你，也不知道自己是否起了作用。在未来，当你需要服用处方药时，你会得到一瓶药片和一个软件，该软件能够分析来自你的手机、手腕监控装置、联网浴室秤等设备的生物数据，以确定药物是否正在发挥效用，以及你的医生是否需要改变剂量。它会将所有数据汇集到一个旨在让你积极治疗的应用程序上，因为如果你能看到进展，那么你更有可能继续配合治疗。大型制药公司开始思考将药物数字化。几年前，默克公司成立了一个名为弗利健康的子公司，以探索“技术支持服务”。

如果你将所有这些传感技术整合到一起，就很有可能创造出一家虚拟医院。相比于在医院等大型单一机构里工作，医生更可能在家中或小诊所里监控身处任何地点的患者。医院将基于云技术，通过互联网和软件将传感器、医生和患者管理结合起来。

个人健康数据：尽管医疗行业已经在患者健康记录数字化方面取得了进展，但这是一个缓慢而不完善的过程。这些记录并未形成标准，通常不易与患者、医生或医学研究人员共享，更不用说跨技术系统共享。随着数据成为良好医疗保健中更重要的组成部分，患者将需要更多地访问和控制他们的信息。这对于初创公司而言蕴藏着巨大商机。

我们公司资助了一家名为患者银行的公司。正如这家公司的联合创始人保罗·弗莱彻-希尔所说，该公司萌生于他和其他创始人决定使用他们自己的信息建立一个医学记录应用程序的想法。[16]希尔说："我们一开始认为访问自己的数据很容易，但很快意识到情况并非如此。为了获得我们的数据，我们必须向我们去过的所有医院发出正式请求，最终我们收集到了成堆的纸质文件。我们决定必须找出更好的办法。"现在，该公司的应用程序能够代表个人和企业收集医疗记录。相比于通过传真或者前往医院的方式提出申请，患者银行允许任何人进行在线申请，并会在 10 天内给予反馈，这比常规的查档途径要快上 3 倍。

我们需要开发所谓的"个人健康云"——所有的数据被收集

后都会传输到云上，个人或经过许可的软件便可以轻易访问这些数据。许多公司都在朝这个方向努力，包括西雅图的肯恩科技（KenSci）和旧金山的艾护（iCare），以及我正在资助的新公司。这一行业需要一个开放的平台，好让创业者和企业家们能够在其基础上开发应用程序和服务，正如他们可以在苹果商店上架应用程序一样。

医学 AI：AI 将成为整合即将涌入的医学数据的主力。它将成为利基市场的关键，正如它通过学习用户数据、观测骤然上升或下降的数值，来驱动利沃戈一样。它将有助于医生和医院追踪、理解患者的情况。

美国国际商用机器公司在医疗 AI 上下了大注。斯坎那都（Scanadu）是一家初创公司，受到《星际迷航》医用三录仪的启发，其正在开发一种由医学 AI 驱动的诊断设备。该公司的首席医疗官艾伦·格林说："我相信，沃森这样的 AI 系统很快就会成为世界上最优秀的诊断医生。按照 AI 技术的发展速度，等到现在出生的孩子长大后，他们将不再需要通过看医生才能得到医疗诊断。"[17]

其他公司更专注于研究医学 AI 应用程序。一群斯坦福大学的计算机学家在著名的 AI 和机器人先驱塞巴斯蒂安·特伦的帮助下，开发了一款能够像皮肤科医生一样诊断皮肤癌的 AI 软件。该研究小组让他们的 AI 软件对包含近 130 000 个皮肤病图像的数据库进行了访问，训练该软件通过视觉诊断潜在的癌症。特伦说："我们意识到这是可行的，我们要让它不仅能做出诊断，还能做得像皮肤科医生一样好。就在那时我们的想法发生了改变。'看，这不光是一个学生的课堂计划，更是为人类做出伟大贡献的机会。'"[18]

AI 将渗透到医疗保健的各个领域。它将有助于观察 X 射线、核磁共振成像和其他测试结果，帮助医生发现光凭肉眼无法看出的情况。AI 将帮助药物公司了解对不同基因组起作用的化合物。它将帮助医疗卫生官员了解消费者行为的发展趋势，以便尽早发现疾病，并在它们暴发前控制它们。事实上，于我而言，如果一家没有使用 AI 的医疗初创公司找我投资，我可能并不会感兴趣。

成为医生的新途径：一些医生已经意识到这个行业将会发生怎样的变化。宾夕法尼亚州的盖辛格卫生系统的首席执行官、医生戴维·范伯格告诉《贝克尔医院评论》："我希望消灭候诊室制度及其所代表的一切。候诊室意味着'医生本位'，即医生是最重要的人，每个人都要根据医生的时间行事。我们旨在提升求医的便捷性，从而向人们展示，我们将为之提供服务看作一种特权，这就像在告诉患者：'我们恭候您的光临。'"[19]

当数据和应用程序可以完成各科医生大量的诊断和防疫工作时，医生便不再需要花费大力气对抗大众疾病，而能够更加聚焦于为个人提供服务。每年做体检的概念将彻底改变。我们都将对基因组进行测序，这些数据将与我们的医疗记录和其他关于健康及生活方式的数据一起存储于云平台中。到那时，体检方式更像是检查汽车——插入电脑、分析数据后，便能得知病人的健康状况，这将颠覆医疗行业。

所有这一切为新型的数据主导型及患者中心型诊所和医疗团体提供了机会，使它们能够挑战现行医疗保健行业的传统模式。

健康保险：医疗保健是一个奇特的行业，与其他行业不同的是，保险是其生态系统中不可分割的一部分。随着医疗保健行业的变化（这些变化表现为以数据为导向、以患者为中心、大医院去规模化），保险也必将发生变化。一旦基于云技术的电子健康病历能够捕捉我们所有的健康数据（由我们自主掌控将哪些数据同步给保险公司），我们将迎来最大的机遇。新型保险公司将使用这些数据为你量身定制健康保险，而不是要求你与和你情况大致相同的人选择同样的保险。保险公司会和你讨价还价，你允许它查看的数据越多，它为你提供的费用折扣也就越大。这会促使人们追求健康的生活方式，因为这与他们的保费息息相关。

基因组：我们正处于瑞银证券所谓的“基因组学大爆炸”的开端。这一行业即将迎来大发展。基因组测序成本的下降速度比摩尔定律预言的还要快，尽管到目前为止只有 0.01% 的人进行了基因组测序。基因组学将像2000年前后的手机业一样蓬勃发展，行业先驱包括彩色基因组、祖先网、23与我等公司，它们直接向消费者提供基因方面的服务。遗传数据将成为推动医疗保健产业去规模化最重要的燃料。

基因组学初创公司将提供基因筛查服务，以查找癌症或阿尔茨海默病等各类疾病易感性，以及秃头、肥胖等身体特征。根据基因为你匹配的药物很可能对你而言更有效；遗传数据分析可用于指导你的终身医疗。

再过10年，科学发展会推动基因组学达到新的高度，即基因编辑。基因编辑技术CRISPR-Cas9在2013年引起了公众的关注，当时科研人员首次运用它来精确地剪切人类细胞中的基因组。它很快引起了争议，因为这一技术可以编辑导致人体特性代代相传的种系细胞。通过基因编辑来创造更聪明、更强壮、更具魅力的人类似乎成为可能，而这些基因又将遗传给他们的后代，这很可能会产生完美人群和其他人群的巨大鸿沟。出于这一原因，编辑种系细胞在一些国家是非法的，在另一些国家也饱受争议。

但CRISPR-Cas9也可用于编辑体细胞，这些体细胞不会被传递，但可能导致某些遗传疾病或缺陷。公司和实验室正在相互竞争，以找出安全、有效的方法来实现这一目标。在2016年年末，中国科学家在一次试验中首次向患者注入了使用CRISPR-Cas9编辑的细胞，试图治疗侵袭性肺癌。该测试推动了基因编辑科学的快速发展。宾夕法尼亚大学专门研究免疫治疗的卡尔·琼告诉《自然》："我认为这将触发中美之间继人造卫星后的新一轮竞赛——聚焦于生物医学的竞赛，这非常重要，因为竞争通常会带来更好的结果。"[20]

因此，科学家们掌握安全有效、能够在医疗保健行业中常规使用的基因编辑技术尚需年月。但是一旦这天来临，我将会继续寻找下一个关于基因编辑的了不起的商业想法。

5

去规模化引领的终身学习

有时候体系之外的人有助于改变体系。杰夫·贝索斯在创办亚马逊网站之前从未做过零售。帕特里克和约翰·科里森在创办条码支付公司之前并未涉猎过金融。萨姆·乔杜里在开发教室道场（Class Dojo）、试图重塑教室之前并不是教育工作者。乔杜里在威尔士的一个海滨小村庄里长大，在他上小学的时候，他们一家搬到了阿布扎比。他就读的国际学校经常让优等生帮助其他学生，而乔杜里一直是优等生。所以，正如乔杜里所说："从 12 岁到 18 岁，我每周都要执教 20 小时。"[1] 现在回想起来，这在某种程度上促使他希望以教育为业。

不过有一段时间，教育业并不是乔杜里的方向。他前往英国的剑桥大学求学，打算获得博士学位，之后成为一名经济学家。

一些大银行想要聘用他，但金融业并没有吸引他的注意力。相反，他去高中当过一段时间教师。咨询业巨头麦肯锡一直试图聘用乔杜里，麦肯锡听闻过他的教育经历，并说服他参与公司的教育项目。乔杜里就这样做了几年，直到他遇到了利亚姆·唐。

唐生于德国，在伦敦长大，拥有计算机学位，是一名游戏开发员。乔杜里说："我们很处得来，于是决定一起做点儿事。我们想要一起在教育领域做些什么。"他们只知道炫酷的游戏技术可能有助于孩子们在教室里学习，但没有明确的计划。于是，他们来到旧金山湾区，去了一家小型科技公司工作。乔杜里说："我们之前从未在这里（美国）生活过，也没有这里的学习经验。所以与教师们交流成为一件自然而然的事情。"他们打了上千个电话，与数百人交谈，试图探明教师面临的最核心的课堂挑战是什么，并找到一种方法利用新技术来攻克这些难关。

由于乔杜里和唐听到了老师们沮丧的原因，他们开始理解为什么人们一致认为教育业需要改变，但改变却很少发生。主要原因在于老师们通常在管理课堂行为上花费太多时间，而在帮助孩子学习、提升方面花的时间太少。大约 150 年以来，学校的规模在不断扩大，就像工厂和企业一样。这种教育方式在工业取代农业成为社会进步和繁荣的基础的一个世纪前是正确的选择。教育应当为社会培育学生，工厂式的学校多年来一直以标准化的方式行事：上下课时都会打铃，在老师（好比工人）和学生（经理）之间划分明确的界限。但是在当下，随着数字时代的到来，工业时代开始退出历史舞台。乔杜里说："然而老师们还希望以 50 年或 100 年前的方式行事。"改革者们自上而下错误地改革了教育，就好像他们在重新设计工厂一样。乔杜里观察到，"教育并不是机械的系统，而是人的系统，它必须从下而上地改变"。他总结道，真正的改变需要由教室里的老师、学生和家长共同推进。

乔杜里和唐对老师们的采访，以及他们对学校史的看法，使他们相信自己能够解决核心问题：老师们需要一种改善学生行为的方式，并打造团队表现力强的课堂文化，这实际上和成立初创公司没什么区别。这将更符合当今世界的工作性质。这种洞察力促使乔杜里和唐建立了一个教室交流应用程序——它能帮助教师给孩子们提供反馈、成立家长圈、公布学校日的照片和视频，以及成立数字社区来为现实世界的课堂提供补充。他们将之称为教室道场，它使得教师能够创建一个将学生、父母和管理人员聚拢在一起的迷你社交网络。教师可以发布视频或公告，更新父母端各自孩子的学习和表现，从父母那里获得反馈，并为班级创建持续交流的圈子。父母得到更丰富的信息后，更容易充分地融入孩子的学习，这能够帮助孩子提升做作业的认真程度并在课堂上积极表现，反过来，老师们不必花费大量时间和精力管理课堂纪律，从而可以将更多精力投入教学。马萨诸塞州丹弗斯市高地小学四年级学生摩根·科斯塔说："基本上可以说，它是一个奖励良好表现的应用软件。这真的很有趣，因为每到周末，得分最高的人就能成为老师的助手，我们都期望得到奖励。我们的爸爸妈妈也能使用这个软件，只要登录进去，就能看到我们的行为表现。"[2]

这家初创公司在 2011 年 8 月推出了教室道场的第一版。5 周后，超过 12 000 名老师下载了这个软件。到第 10 周的时候，这个数字已经增长到 35 000 人，约占美国所有教师的 1%。（这一接受率说服我投资这家公司。）到 2016 年中期，教室道场已经被用于全美 2/3 学校，并传播到 180 个国家。教师与家长通过这一应用程序分享全天的重要时刻，家长因而融为课堂文化的一部分。在几乎没有营销的情况下，这款产品取得了快速的发展，这表明教师们认为它能够帮助自己提升课堂质量，并优化工作和生活。

从表面上来看，教室道场似乎只是一个有利于教师的应用程序，但实际上它是去规模化学习背后强大的推动力。不妨这样看：大学校是教室综合体，就好比大公司。在这一模式中，教师是中层管理者，负责执行上级的要求，而家长们甚至常常无法参与其中。

教室道场是一个免费对教师开放的可租赁平台，能够帮助教师围绕班级社群营造文化，更容易地为每位学生定制教育。教室道场将这一社群里的教师、学生、家长聚集到一起，它建立的联系是基于班级的，而非学校。换句话来说，这一软件有助于使“学校”看起来更小、更人性化、更独特，而不是一个囊括了各个年龄段的不同班级的又大又杂乱的整体。

教室道场还一直在增加交互式课程。例如，在2017年中期，该公司与耶鲁大学情绪智能中心建立了合作伙伴关系，以将正念课程的短视频加入应用程序。其他的内容可能有助于孩子学习数学或历史。学生们能够随时按照自己的进度学习课程。通过这种方式，该应用程序能够使得学生学得更多，教师可以成为每位学生的教练和向导，而不是按照国家规定的课程计划重复照本宣科的人。

小学生们通过使用教室道场等科技，能够获取更加个性化、亲密的教育，在这样的背景下长大，他们便会希望永远使用这样的教育模式。这只是重塑新时代学习方式的开端。

贺拉斯·曼是美国规模教育之父。曼于1796年生于马萨诸塞州，恰是《独立宣言》发布后20年。当时农业主宰了全球经济，但工业革命已经在英国拉开了帷幕，当时詹姆斯·瓦特正在完善他的蒸汽机。在1816年，20岁的曼被罗德岛布朗大学的法律专业录取。11 年后，他在马萨诸塞州立法机关获得了一席之地。1837 年，他在从政期间帮助创建了该州第一个教育委员会。

在曼去欧洲旅行的时候，他看到工厂迅速地推动了经济发展，大批新式学校得以建立，这些学校的成立是以工厂的模式为蓝本的。波士顿大学教育史学家彼得·格雷说："工厂老板将学校视为提升工人素质的地方。对他们而言，最重要的能力是守时，之后是遵循指示、容忍长时间烦琐的工作，以及读写。"从他的话里你可以看出，学校教育所反映出的情况甚至延续到了 21 世纪。格雷总结说："人们逐渐意识到，童年应当是学习的时间，而儿童的学校应是学习的场所。"[3]

在曼的时代之前，美国的孩子大多在同一间教室里接受教育。各年龄段的孩子共用一个教室，老师们没有统一课表。曼受到欧洲工厂学校模式的启发，决心着手改变这一切。他的教育委员会在全州引入了标准化课程，并实施了所谓的年龄分级教育：将同龄学生置于同一个年级，并为他们设立晋升至下一年级的目标。从某种意义上来说，学生们好比工厂里正在通过生产流水线的产品：五六岁入学，接受每位教师以同样精准的方式教授的标准化课程，并在 18 岁的时候作为成品离校。曼的创新非常成功，一个州接一个州都采纳了这套方法。

一旦学校实现标准化，它们就可以扩大规模。将许多教室聚集在一栋楼里以增加规模经济效应，以更低的成本为更多学生提供教育。随着人口的激增，标准化教育势在必行。学校越来越大。到 2010 年前后，美国规模最大的一些高中，像纽约市的布鲁克林科技中学、宾夕法尼亚州雷丁市的雷丁中学、得克萨斯州达拉斯市的天际线中学的学生数在 4 700 至 8 000 人之间。

大学遵循了类似的路径。在曼就读于布朗大学的那几年里，大学还像是手工业。当时，数量相对较少但富有特色的小型校园为一小部分人群提供高等教育。之后在 1862 年，美国国会通过了《赠地学院法案》，该法案帮助开启了大型州立大学的新时代，此后，更多人能够接受高等教育。实际上，大学也类似于工厂。学生高中毕业后步入大学，在那里度过 4 年，接下来再从学校里走出去，为成为专业人士做好准备。当我撰写本书的时候，美国最大的大学中佛罗里达大学有 63 000 名学生，紧随其后的俄亥俄州立大学有近 59 000 名学生。[4]

规模化教育一直是世界进步的重要推动力之一。它帮助培养了一代又一代工厂工人、经理、企业家、创新者、科学家、政治家、作家和艺术家，他们则建立了为我们带来繁荣的企业和机构。规模化教育使得大量人口摆脱贫穷，加入不断扩大的中产阶级。在 2010 年左右，美国约有 1/3 的人都拥有四年制大学本科学位，这是一项了不起的成就。

然而，规模化教育只适用于建设规模化企业和机构。这一模式并没有很好地为正在步入去规模化经济时代的社会储备人才。它并没有充分利用新技术帮助学生采用新的方式学习，从而满足他们的个性化需求。

在高等教育中，规模化模式已经难以为继。近 20 年来，获取四年制大学学位的成本以每年超过 5% 的速度增长。从一个角度来看，如果这一趋势持续下去，那么 2010 年出生的孩子就读私立大学的费用将达到近 35 万美元。在 2010 年左右，考夫曼基金会的一项研究发现，近年来学生债务的增加与初创公司的减少呈正相关。[5] 对此，一种解释是年轻人负债累累，因而没有机会创业，他们别无选择，只能从事有稳定收入的工作来偿还贷款。这意味着规模化高等教育的成本正在严重阻碍社会发展。

几十年来，美国的政治家、教育工作者和公众都担心我们的学校并未为当前世界培育出合适的学生。他们一直在努力改革教育体系，但在每一次尝试中几乎都完全忽视了一个问题：今天的学校实际上是为了服务于另一个世界，即如今正在衰退的旧经济时代。改革者们试图通过建立其他的基于工厂模式的规模化教育模式，来取代当前的规模化教育模式。但是建立一个全新的规模化教育体系，即建造新学校、购买新设备和书籍、聘用大量新教师，可能既昂贵又缓慢。

相反，我们需要一种适应去规模化经济的去规模化教育。课程体系需要从标准化的工厂模式转变为针对个体的个性化方式。教育需要充分利用新技术浪潮，重塑每个人的学习方式，这不仅仅包括儿童，还包括在职成年人。多年来，人们被压抑天性地学习，所以教育系统才能够实现标准化与规模化。我们让人们遵从体系，而不是让体系遵从个人。在去规模化的世界里，体系将会遵从人们的需求。科技将使你能够以适合自己的方式学习。

可汗学院是 AI 世纪最具影响力的教育实践之一。它的创始人萨尔·可汗是我在麻省理工学院的老朋友，我也进入了可汗学院的董事会。2006 年，可汗学院从基础 YouTube 视频起步，由一家非营利性机构发展为成熟的、AI 驱动的在线平台，平台按照学生自己的进度授课。微软联合创始人比尔·盖茨，通过他的比尔与梅琳达·盖茨基金会向可汗学院捐赠了 900 多万美元；墨西哥亿万富翁卡洛斯·斯利姆捐赠了数百万美元来帮助可汗学院拓展西班牙语课程。截至 2017 年，每月有 4 000 万名学生和 200 万名教师使用可汗学院，覆盖 36 种语言。以数学课为例，课程范围从幼儿园的简单算术到大学生的微积分计算应有尽有。可汗学院已在一定程度上影响了全球学生的学习，而萨尔·可汗还有更大的抱负。

“我们设想，在10年内，你可以通过使用便宜的智能手机或电脑实现自我教育，从像字母、数字这样的基础内容到职业技能，再到能够让你融入正规学术体系的知识，你都能得到。”[6]换句话说，可汗希望学生能够通过使用可汗学院实现自我教育，而不再需要去学校接受教育，并最终成为优秀的人才，从而在任何地方都能找到最优秀的工作。

他并不打算淘汰教室，而是希望使没有教室的地区的孩子能够通过AI驱动的云课程来学习。可汗说：“物理环境仍将扮演十分重要的角色。你会在那里得到大量的社交机会和情感交流，并养成工作习惯。学校不再只代表成绩，它应当更类似你所构建的社群、一种社交互动。因此，学校将成为孩子们聚集在一起学习如何组团完成任务、如何组建社区、进行社交互动的地方，更重要的是，学校可能成为你学习如何进行学习、学习什么内容的地方，这样你就可以通过线上的方式获取你所需要了解的内容和信息。这种学习方式更符合我们今天所创造的技术和经济。”

在教室道场这类应用程序的帮助下，课堂将成为围绕教师、学生和家长所建立的社区。由贺拉斯·曼所创造的年级制度将会消失；学生们将根据学习速度、独立水平和社交能力被划分成不同的群体。教师不再会站在教室前，根据国家制定的课程体系教授学生们同样的课程；相反，他们将会成为教练与合作者，帮助学生学习课程、设定目标、处理具有挑战性的问题，并为线上课程增添个性化内容。

从麻省理工学院毕业后，萨尔·可汗在波士顿从事对冲基金分析师的工作，可汗学院就是从那时候启动的。一个关于他的颇具传奇色彩的故事是，他创建可汗学院缘于他想辅导远在新奥尔良的亲戚完成学校作业。2006 年，他开始制作视频，大部分是关于数学或科学的，形式为绘制图像或者编写方程再加以说明。第一个视频是关于基本加法的，总时长 7 分 42 秒，讲述口吻很容易让人联想起儿童教育节目《芝麻街》。他把视频发布在 YouTube 上，所以他的弟弟妹妹就可以随时点击观看视频。他得到了一个有趣的发现：他的弟弟妹妹们会在没能理解的时候倒回去重看，而在感到无聊的时候跳过某一节。他们可以毫无阻碍地按照自己的节奏学习，而不会因为需要让别人一再解释感到尴尬。

由于这些视频是发布在 YouTube 上的，其他人也能够看到这些视频。到了 2009 年，超过 5 万人在收看萨尔的视频。一年之后，人数达到了每月 100 万；到 2011 年，每月有 200 万游客访问可汗学院教育视频网站。在那时，萨尔想到了他的目标。他希望将可汗学院打造成一支可以重塑全球教育的力量。萨尔和我都没有将之称为“去规模化”，但实际上那就是他所看到的：通过增加个性化体验而削弱工厂式大批量学习来缩小教育规模，使之能够帮助每位学生按照自己的节奏学习他们想要学习的内容。

就像其他行业的去规模化一样，起初萨尔通过租赁规模在第一代平台上建立了可汗学院，这种平台是新时代的科技所创造的：他在上面发布 YouTube 视频，这样学生在任何时间任何地方，哪怕是在教室里，都可以通过移动设备观看这些视频。但是现在萨尔对未来的期望需要通过下一波技术力量来实现，那就是 AI。

AI 能够通过互动在线课程了解学生个体。视频课程正在不断发展，现在视频课程中已经增加了练习和问题。由于目前的 AI 已经能够理解自然语言，所以学生也可以口头答题，这和在教室里回答老师的问题非常相似。AI 可以检测出学生是否理解材料，然后要么重复讲解，要么继续讲述新内容，AI“老师”总是赋予学生适度的压力以推动他们学习而不让他们感到沮丧、放弃学习。随着时间的推移，AI 将了解学生知道些什么、不知道什么，他们的学习风格和速度，喜欢什么课程、讨厌什么课程，这样它便可以专门为他们设置课程作业。这就是教育如何从标准化、通用型课程体系转向针对个人的教育，以最大限度激发每个人的潜力。这就是让所有孩子适应大众教育体系，与让教育体系适应每个孩子的差别所在。

你可能会想象，萨尔的基础教育课程是如何利用 AI 发挥作用的。（不仅仅是萨尔的课程，课程时代等许多其他组织也一直在开发类似的线上课程。）课程变得十分个性化，迎合每位学生的学习风格和节奏。社交、协作、学习如何学习等学校教育的其他方面正是课堂社群的内容。它们携手并进，培养出为 21 世纪数字时代而非 20 世纪工业时代做好准备的人才。

在加利福尼亚州山景城，我帮助萨尔建立了一所名为可汗实验学校的小学，以实践这些想法。这所小学不是根据年龄和年级，而是根据独立水平和对某些课程的知识储备来进行分组，所以数学很好但写作很普通的学生可能会与年龄更大的学生一起学习数学，而与年龄更小的学生一起学习写作。学生并没有从教师和教科书中习得所有课程内容，教师会启发他们思考、培养他们的能力，学生们通过线上学习或自我研究的方式学习其他内容。除了根据科目（数学、历史等）划分学习时间，学习时间还被划分为自主学习时间和小组合作、实践项目时间。每个季度，学生不会收到成绩单；相反，他们和家长会不断收到在线更新与反馈。稍加思考，你会发现这种学校与科技初创公司的工作环境更接近，而传统学校与 20 世纪的企业办公室或工厂更接近。

硅谷以外的学校正在购买这些课程。堪萨斯州劳伦斯市劳伦斯公立学校的教师给学生布置的作业是观看可汗学院的视频，然后在课堂上选择是以小组合作的形式解决可汗学院课程中的难题，还是寻求教师的帮助。当斯坦福国际研究院研究这些混合模式（线上和线下）课堂时，它发现71%的学生表示喜欢使用可汗学院，32%的学生说他们通过学习可汗学院的课程提升了对数学的兴趣。[7]实际上，斯坦福国际研究院发现，使用可汗学院的学生在数学方面的表现比标准化考试成绩所预测的要好。根据该研究，“使用可汗学院和取得优于预期的成绩结果之间存在正相关的关系”。当教师接受调查时，85%的人反映使用可汗学院课程对于学生学习和理解材料的能力有积极作用，86%的人表示他们会向其他教师推荐混合学习模式。该报告还指出，在长达两年的研究中，大部分（91%）教师表示，使用可汗学院能够帮助他们为学生提供更多实践近日在课堂上学到的新概念和新技能的机会。80%的教师也报告说，可汗学院提升了他们监测学生知识和水平的能力，因而便于找出哪些学生学得很吃力。在接受调查的教师中，82%的受访者认为可汗学院帮助他们了解哪些学生领先于班级中的其他人；82%认为它帮助他们让高年级学生接触到超过其年级水平的知识；65%（其中72%是为低收入群体服务的教师）表明可汗学院提升了他们帮助落后学生迎头赶上的能力。

汇总这些信息，我们发现来自可汗学院、教室道场等社群建设应用程序的线上、AI驱动课程正在帮助改造旧式标准化教育模式，重新将“学校”打造为服务于学生个体的场所。

AI驱动课程和去规模化的学校也将使我们重新定义标准化测

试。标准化测试的概念在去规模化、个性化市场的世界中失去了必要性。相反，AI 软件将了解每位学生迄今为止通过线上课程取得的进步，换句话说，就是学生和家长通过可汗实验学校获得的进步。最终，学生可能不再需要以传统的方式进行考试，也没有必要通过学术能力评估测试（SAT）或大学入学考试（ACT）上大学，而只需要通过 AI 软件向大学招生部门发送关于自己知识、能力和学习方式的总结报告。

大学文凭可以帮助你向潜在雇主展示你脑中装着些什么。人力资源专员无法通过在电脑中输入关键词来了解你知道些什么、你有多聪明。因此文凭就是鉴别标准。大学证书在很大程度上能够说明你了解的知识足够多，你足够聪明和有天赋。20 世纪的雇主并没有其他更好的依据，因此只能依靠文凭做判断。然而随着 AI 技术的发展，AI 将会提供比文凭更好的鉴别依据。AI 将精确地知道你知道些什么、你有多聪明，任何一位求职者都可以向潜在雇主提供一些这方面的信息。

所以为什么要通过获取大学学位才能找到一流的工作呢？如果你足够聪明，可以通过麻省理工学院或斯坦福大学的在线工程课程，那么AI就能够证明你和那些花费了4年光阴、20万美元学费上大学的人一样优秀。文凭是关于一大群人的一般性说法：从某所大学毕业的所有人都可能在智力和能力上存在一定程度的差异。基于你的线上作业生成的AI认证对你而言将成为一个文凭，它能够详细证明你究竟有多聪明、多能干。

几乎关于大学的一切都证明去规模化时不我待。在美国，规模化的大学无法保持足够快的增长速度，以赶上全球学子寻求在美国读书这一需求的增长。运营大规模大学的成本正在飙升，需求远远大于供给产生了高昂的学费。学生的学费已经成为社会的负担，也成了企业的负担，因为他们需要聪明而博学的新雇员。

许多顶尖的大学都在建设大量线上开放课程，例如慕课（MOOC），以展示它们在去规模化的教育市场占有一席之地。2017年年初，麻省理工学院、佐治亚理工学院、伊利诺伊大学、亚利桑那州立大学四所大学开始提供基于慕课的学位。慕课使数百万学生可以从世界上最优秀的教授那里学习各类课程，而这些教授很可能又来自世界上最顶尖的私立大学。这可能会影响许多中等层次的大学。如果你只花很少的钱就能在线上学习顶级教授的课程，那为什么还要花更多钱去学习中等层次大学教授开授的课程呢？不仅如此，在线AI将根据你的学习速度和风格定制课程、为你提供指导。

无论你如何想，去规模化、AI 驱动、大学水平、个性化的学习模式都将为普通大众挑战规模化的大学。更进一步，“高等教育”的理念正在逐渐与四年制、校内大学经历分离。为了获得更好的工作，人们并不需要单独预留 4 年光阴和一大笔钱；相反，他们可能会选择在生活中的任意时间段里学习一部分内容，他们甚至很可能会获得许多微型学位。这种模式与 21 世纪数字时代的工作和职业更为契合。正如我们已经看到的，行业、技术以及对某些技能的需求会迅速而持续地发生变化。为了取得成功，人们在一生中将拥有多元、重叠的职业。每个人都需要以有效而经济的方式持续学习。

即使是在线教育的支持者也不认为传统大学会消失。但在接下来的 20 年里，大学的情形将会发生巨大的转变。一些美国名校，如麻省理工、哈佛、斯坦福将继续作为研究中心而存在，聪明的年轻人会继续聚集在那里，进行交流与合作。在去规模化的世界里，低于那个层次的大学的日子就没那么好过了。他们的学生将越来越多地选择通过一些线上教育平台学习，雇主们也会越来越偏好这一点。

在教育行业中企业家们的机会与能源、医疗等营利性行业中的略有不同。例如我投资的可汗学院，它是非营利性的，我认为教育机构就该是非营利性的。然而，我看到科技领域中许多有趣的机遇驱动了教育的去规模化，就像教室道场所追求的那样。

以下是一些机遇：

教育云：10 年前，每个人都认为教育业的大好机会是将传统大学讲座的视频放到网上。但其并没有充分发挥科技的作用。可汗学院、课程时代等线上教育机构的出现预示着学习软件、内容和云上人际互动的结合。这些课程并不单纯是让你观看屏幕上的讲座，它们更像个人导师：指导学生通过多媒体遵循自己的进度学习。线上学习并不是要试图效仿传统大学的学位项目，许多最有趣的机会存在于终身学习和非学位课程里，它们能够帮助个人在短时间里学习非常具体的内容以促进职业发展。

新公司会创造主动拥抱我们的教育模式，而不是让我们努力去找寻教育。教育云旨在使得学习简单易得，并根据我们的需求为我们量身定制课程。坦率来说，这是一个待填补的巨大市场。例如，很多公司可能会需要为在职员工提供进修项目。美国电话电报公司和欧莱雅已经与优达学城（Udacity）签署了线上培训协议，后者的创始人之一是斯坦福大学机器人学教授塞巴斯蒂安·特伦。欧莱雅员工可以通过视频课程学习数字营销的非学位课程，以进一步推动自己的职业发展。其他一些公司也在开发平台，帮助从管道工到歌唱家在内的任何领域专家在线上发布自己的课程，这是云学习的另一种形式。

美国已经在云计算方面脱颖而出，但很快每个主流国家就都会产生需求。截至 2017 年 4 月，印度只有 200 万人注册了线上课程，而印度有 13 亿人口。基于云平台的教育在亚洲和非洲的大部分地区尚未发展起来。[8] 最后，我发现开设基于云平台的文科课程有巨大的市场。现在许多线上课程是针对数学、科学或者软件编码等专业的。在 AI 时代，写作、哲学、历史和类似关于人类思维的课程将比以往任何时候都更具价值。

连接课程工具：伴随学校的去规模化，更多教师将采用新技术创建虚拟教室，以帮助学生、家长和教师获取外部资源、教育内容，联系专家，或者连接至能够帮助学生按照自己进度进行协作和学习的一切。教室道场和开始测验（Edmodo）都是全方位虚拟教室应用的代表，它们能够帮助教师管理这些连接教室。今天，让每位教师都自己设计课程计划是一种资源浪费，因此一家名为老师请老师（Teachers Pay Teachers）的交易网站尝试让教育工作者共享他们的工作成果，在这个开放市场里，教师们能够将自己的课程计划和教育资源出售给其他教师。教师们越具有开创精神，就越有可能利用新技术做好工作。

我预想将会出现一批全新的应用程序，它们能够通过连接世界各地的教室来建设虚拟“学校”。毕竟，堪萨斯城五年级高级科学的学生与波兰、印度和智利同类情况的学生，要比与同一幢楼里的一年级学生有更多相似之处。将移动端、社交、云、VR 和 3D 打印技术结合在一起，相隔数千里的教室也可以成为一体。如果这是新时代建设新学校的最终方式，那么当然比从头开始建造成千上万的新校舍更有意义。

VR 和 AR：在教育行业中，VR 和 AR 技术拥有无限商机。微软、谷歌、脸书等科技巨头都看到了这一点，作为回应，它们都在开发试验产品。例如，微软的全息旅行（Holotours）正是沉浸式历史体验的早期版本，其允许学生回到过去的地点（古罗马等）到处溜达。谷歌探险（Google Expeditions）提供了前往火星或南极洲的虚拟旅行服务。当然，50 多年来，学生已经能够观看遥远地方的视频，但是教育领域的去规模化 VR 技术能够鼓励学生按照自己的进度进行探索。当学生借助 VR 技术前往古罗马的时候，他们可以深入了解战车文化或者当时政府的权术。VR 还能够带领学生到人体内部学习生物学，或者到太阳内部学习核裂变。这些只是 VR 改变学习方式的部分案例，新一代的创新者们肯定会用我们无法想象到的理念惊艳我们。

在可预见的未来，我看到了 AR 的不同角色。AR 能够让身处现实世界的学生通过佩戴一些镜头设备，如眼镜、护目镜、透明电话等看到信息或图像。历史类的 AR 应用程序可能会让你漫步街头，并“看到”一个世纪前的风貌，抑或让你穿越树林，并看到每一种树木和植物的信息。数年后，AR 将能够有效地让相隔数千英里的两人共处一室，就好像比邻而坐。想象一下这将如何改变一对一教学：美国学生将能够从某位中国人那里学习中文，就像他们在一起喝茶一般交谈。回想萨尔·可汗的第一个辅导表弟妹学习的视频（就是那个开启了可汗学院的视频），那便是 AR 在未来能够为学生做些什么的粗略一瞥。

6

金融业的去规模化浪潮

在20世纪90年代后期的互联网热潮中，当时13岁的伊桑·布洛克开始用他受戒礼的所得进行股票交易。他炒股炒得很好，几年后收入就增加了两倍。当然，在澎湃的牛市里，想不赚钱都很难。但当你只有13岁的时候，你很容易以为自己是世界之王。

2001年，股市崩盘，已经15岁的布洛克损失了所有的钱。现在说起此事，他说道："首先，它给我上了一课，让我明白我根本不知道自己在做什么。其次，它让我直到今天仍然充满了强烈的好奇心，我想弄懂金融是什么，它是怎样运作的，为什么会有金融，我们从中会得到什么好处，又会经历什么痛苦。"[1] 他前往佛罗里达大学学习财务和心理学，决定有朝一日要成为能够帮助别人明智地理财的人。

大学毕业后，布洛克成立了一家软件营销公司，它后来被需求力（DemandForce）公司收购；而需求力后来又被个人财务软件先驱财捷公司收购。他感受到财务正在日益数字化。如果你的银行账户和账单是数字化的，你就可以利用软件读取它，并做出理性的决策。布洛克总结说，当然还有一个问题有待解决。在2013年，美国联邦储备委员会发现18岁至40岁人群中毫无储蓄的比例达到了60%。35岁以下成年人的储蓄率为–2%，他们都存在过度消费的情况。[2] 布洛克说："我针对美国实际情况形成了一个基本想法，如果你想让整个国家拥有财务健康，那么就得先让实现财务健康变得毫不费力。"为了做到这一点，他成立了数字公司（Digit），这家公司提供的服务展示了银行业是如何实现去规模化的。数字公司所代表的规模化运动正是我的投资战略核心。

数字软件是一种帮助你进行智慧理财的软件。它由帮助人们积累储蓄开始。一旦用户注册了数字软件，他便需要开放他的个人银行账户权限。这一软件会观察进出账户的资金，从而学习用户在毫不费力的情况下能够省出多少钱。然后它便能够一点儿一点儿地将钱由他的银行账户转移到他的储蓄账户里，在这个过程中它不会询问用户是否需要存储，这便是储蓄的关键，因为当人们没有意识到自己在存钱的时候，往往存得更多。

随着时间的推移，数字软件的功能变得更加丰富。它能够使用机器的学习功能来观察现金流、了解你的收支模式，从而帮助你做出更复杂的决策。例如，你可以让数字软件帮你设立一个目标，如“我想要省出 2 000 美元去度假”。它会根据这一目标给出相应的计划，它会在你准备把钱用在购买昂贵的鞋子之前把活动资金转移到你的储蓄账户里。它可以监控你的账单，时刻提醒你你的储蓄目标和活动资金需求。最终，也是我们计划的那样，数字软件将成为你的财务代理人。你只需要设定自己的财务目标和需求，之后让软件了解你的行为模式，便能够得到帮助。

数字软件和其他许多类似的服务是如何实现银行的去规模化的呢？和其他行业一样，银行业在 20 世纪扩大了规模。这就是银行在 2008 年金融危机期间“太大而不能倒闭”的原因。不过大型银行专注于大客户和大众市场，以提供标准化产品来获取规模效益。它们并没有动力专注于创新产品，或是面向那些 20 多岁、还在努力赚钱付房租的年轻人。数字公司这样的公司开始分割那些利基市场客户，为他们提供优质的服务，通过利用移动网络、云计算和 AI 技术来打造产品。数字软件对个人用户了解得越多，就越能为其制定合适的服务。

数字软件以现有的银行为平台，因此它搭乘银行规模和功能的便车，而无须建立满足银行法规的基础设施。用户在富国银行或者美国银行开一个账户，处于用户和银行账户之间的数字软件对账户进行管理。它可以自动执行决策并处理交易。你思考一下就会发现，那就是小镇支行的顾问和经理人过去常常做的事情：了解顾客并帮助他们做出财务决策。像数字公司这样的公司正在脱离银行支行，创建一种新型的以消费者为中心的业务。布洛克说："每个人的财务生活都是可以精确计算的。你在这条轨道上做出的每一个决定都是可以精确计算的。我们都应该拥有这项服务，也都应该依赖这项服务。"

布洛克认为，数字软件会为个人乃至全社会带来净收益。他问道："当你的财务自行运转时会发生什么？"有一点值得注意，使用数字软件的人能够避免透支和滞纳金，这些加起来会为银行带来每年约200亿美元的收入。布洛克说："想想看，弄清楚需要支付哪些账单，支付的金额是多少，如何完成支付，是不是还有账单忘付了，需要花费多少精力？所有的这一切都会消失无踪，因为所有账单都会在恰当的时间被准确地支付。如果我们把这些精力都省下来，会发生些什么？那我们都能成功登陆火星了！"

在20世纪初，扩大银行规模是很困难的。货币都是实体形式：

纸币、硬币和金条等。这些货币并不能通过线路转移到另一个城镇，而是必须保存在保险箱里，由柜员在窗口清点、分发。普通人并没有信用评级或金融票据，所以银行家更愿意把钱借给他们熟悉或者容易了解的人。大部分企业都是小型的本地企业，国际企业仍处于起步阶段。农场大多数很小，由家族所有，而非企业化管理的大型农场。银行业与它所处的环境相一致。大部分银行仍是本地的、个人经营的小银行。虽然由摩根大通领导的几家大型银行正在发展，但第二次世界大战之前的金融业大体上还很落后。

在 20 世纪五六十年代，计算机通过将货币转化为信息改变了这一局面。回顾历史，亚特兰大联邦储备银行指出，在 20 世纪 50 年代后期，大多数银行仍依赖机械制表机器运行，并没有计算机的电子信息。《亚特兰大联邦储备银行史 1914—1989》记录了“前往亚特兰大或杰克逊维尔等大业务办公室的支票处理部门意味着如下的情景：步入一间昏暗的房间，里面坐着 70 至 85 位忙碌的女性，伴随 36 台美国国际商用机器公司 803 型打样机轧轧地运作，她们一手拿着机器打下付款金额和银行识别号，另一只手每次从一堆支票中拿取一张并将其推进槽里。一名熟练的操作员每小时可以处理 1 200 至 1 500 张支票”。[3]

1963 年，该银行安装了一台美国国际商用机器公司 1420 计算机，这台计算机的处理速度是人类操作员的 40 倍以上。这些发展带来了规模经济，银行可以通过它利用更少员工开展更多业务而获取更大的利润，能够买得起一两台电脑的银行便能为客户提供更好的服务，而较小的依靠纯人力的银行则受到了巨大冲击。

大约同一时间，增添了动力的企业开始主导美国经济，银行不得不扩大规模以满足其对资本和金融交易的需求。1950 年，大来俱乐部（Diner's Club）发行了第一张通用信用卡；1958 年，美国运通和美国银行也推出了信用卡。[4] 所有的这些技术使银行能够为更多人和企业提供标准化产品。规模经济的兴起使大银行成为更加优秀的商业模式。

然而，制约银行规模化的一个因素是监管。在 20 世纪 70 年代，金融业的大部分联邦监管规则仍依循着二战前的商业模式，那时候还没有计算机、公司巨头与信用卡。这一切在 20 世纪 80 年代发生了变化，立法解除了对银行和其他金融机构的一系列限制。这种影响非常显著。根据美国联邦存款保险公司的研究，在 1984 年年底，美国拥有 15 084 家银行和储蓄机构；到了 2003 年年底，这个数字下降到了 7 842 家。几乎所有消失的银行都属于联邦存款保险公司所称的“2002 年资产不到 10 亿美元的社区银行”。银行要么扩大规模，要么被规模化的银行所淘汰。到了 2014 年，《SNL 金融》杂志的一项研究表明，所有美国银行所持总资产中的

44% 是由五大银行控制的，它们分别为摩根大通、美国银行、富国银行、花旗银行和美国合众银行。而在 1990 年，五大银行所持的资产尚不到全美资产的 10%。[5]

得益于技术、全球化和企业的崛起，银行规模扩大，规模经济取胜，一些规模庞大的银行接管了这一行业。银行规模越大，它们就越关注企业或富豪等高利润、大业务量的客户，它们也越需要向大众市场消费者提供标准化、通用型产品。

在许多方面，规模化的银行做得很好。银行将资本注入企业以促进经济增长；为数百万人提供了贷款，因而他们可以购买电视、衣服和其他商品来改善生活；也帮助数百万人通过抵押贷款购房。然而，这种扩大的规模也为 2008 年的金融危机创造了条件。大银行有动力通过标准化、证券化的产品向尽可能多的消费者提供贷款，这产生了失常错乱和不负责任的抵押贷款。当这些贷款无人偿还时，大银行就成为“太大而不能倒闭”的银行，联邦政府必须拯救它们，否则全国经济将陷入困境。

2008 年的金融危机成为无数报道、研究、书籍，甚至好莱坞电影《大空头》津津乐道的话题。它的原因很复杂，往往只有内行才懂。但从我对技术和经济的理解来看，我认为危机的原因可以简单地归纳为：各行各业的规模化经济肆意发展。从今往后数十年，危机被视为超级金融公司主导地位终结的开始。

在 2010 年前后，我们看到了去规模银行业新时代最早闪现的微光。

银行业如何实现去规模化呢？

数字公司这样的公司让我们得以一睹全新的银行服务模式。数字公司根本不是银行，它是构建于银行之上的服务商，就像手机上的应用程序是构建于亚马逊云服务或其他云计算平台的巨大计算力之上一样。从这个意义上来说，像富国银行这样的大型银行开始作为平台开放自身的能力，成为一种银行云。大银行能够承担繁重的银行业务，例如确保金融计算机系统安全，以及遵循美国各州和联邦的法规等，这与亚马逊云服务处理建构数据中心和维护软件后端的任务并无不同。

但是大银行将加速失去与消费者的直接联系。相反，数字公司等公司将提供聚焦于小部分银行市场特殊需求的产品，并通过 AI 了解每位客户，从而为其提供个性化服务。

我们正处于这种转变的早期阶段。在撰写本书时，数字公司只占有一小部分市场份额，但它的占比正在快速增长。如果数字软件对于年轻人而言就像是储蓄银行，那么其他一些金融类应用程序的目标受众可能包括为孩子攒钱的父母、为退休金做准备的老人或者刚刚抵达新国家的移民等。我期望能够看到创新型产品和服务的爆炸式增长，但我无法预见会出现哪些产品和服务。以后有人会开发出新的AI驱动应用程序，以帮助人们越过传统抵押贷款的方式买房；或者有人会开发出新的AI软件，帮助新婚夫妇设立联合账户并做出支出预算，这样他们就不会为了钱而争执了。

银行总是倾向于建立一系列标准化的产品和服务，并期望我们遵循最方便它们工作的方式，这是规模化时代的标准操作程序。在去规模化的时代，银行业将迎合你的需求。理财软件将对你进行研究（当然，需要征得你的许可），根据你的生活背景和目标分析你需要如何理财，并定制属于你的银行服务；它可能与你认识的任何人所享受的银行服务都不相同。

需要办理银行业务的消费者无须再前往银行，他们只需要找到一款可以满足自己独特需求的应用程序。这个应用程序所提供的服务将与银行产生联系，这一银行将管理他们的资金并接受法规的监管，但他们可能并不知道也不关心这到底是哪家银行。这款应用程序背后的AI将了解用户的收入和支出模式，考虑他们的目标，并充当他们的个人财务助理，其会自动处理用户的所有财务任务，甚至不断代表他们争取更优惠的贷款利率或更低廉的服务费。用户所需要做的一切就是告诉AI他们的需求是否发生了变化。他们可以将自己的账户连接到亚马逊的亚历克莎上，所以他们只用询问亚历克莎："我需要买一辆新车。我能够买得起什么车？我怎么支付合适呢？"这个应用程序就会为他们提供答案。甚至信用评分都会消失，应用程序会非常了解他们是否能还得上贷款，所以还用担心什么信用评分呢，它只需要知道用户过去偿还贷款和账单的情况即可。

个人银行业务比商业银行业务简单，但是商业银行业务也将发生重大的变化。想要了解它的发展方向就看看条码支付公司，它正在分割大银行采用通用模式所占据的市场。

2010年我在麻省理工学院执教时，第一次认识了两位来自爱尔兰的富有魅力的学生帕特里克·科里森和约翰·科里森。帕特里克是麻省理工学院的学生，他的弟弟约翰当时就读于哈佛大学。他们当时正在创办一家基于网络的支付处理公司，它们将之称为设备支付（/dev/payments）。我问帕特里克他们的客户是谁，他说他们的大部分客户还没出生。科里森兄弟的愿景是为全球线上交易建设全新的平台。他们的梦想是使每家初创公司都能通过这项服务快速启动、运营，并为世界各地的市场提供服务。这家公司就是后来的条码支付，在撰写本书的时候已经价值 90 亿美元了。作为条码支付公司最初的投资者之一，我将它看作一家由 AI 驱动的、能够推动银行业去规模化的公司。

条码支付公司解决了我们所处时代的一个实际问题。在条码支付公司出现之前，公司接受来自其他国家其他币种的支付简直像一场官僚主义纠纷，这是贝宝和其他应用程序所无法解决的问题。银行会要求公司填写申请表（通常都是纸质的）。整个过程需要耗费大量时间。每当你接收一种货币，你都需要填一张新的申请表。如果你的公司不这么做，它就会流失国外的客户。条码支付公司使得全球支付流程自动化。（贝宝做了条码支付公司的一部分工作，但贝宝主要是第三方支付处理器，而条码支付公司则更像是系统，开发人员能够将它植入任何电子商务网站，从而实现交易的无缝连接。）从 2017 年年初起，凡是注册了条码支付公司账户的公司就能立刻以 138 种货币开展业务。

正如条码支付公司的联合创始人约翰·帕特里克说的那样，条码支付公司正在努力使资金像任何类型的数据包一样在互联网上轻易地流通。实现这一点的关键之一在于风险管理和欺诈检测，而这在传统上属于银行的功能。条码支付公司之所以能够实现这些功能是得益于 AI。AI 能够学习交易模式，因而可以发现可能存在的麻烦。就像所有 AI 系统一样，条码支付公司的也会随着收集到更多数据而变得更好。条码支付公司签订的新公司越多，它接触到的交易和信息量也越多，这些信息都将供给 AI 软件。所以 AI 正在帮助条码支付公司有效地瞄准特定市场，即初创公司和小型公司，这些公司较难获得瞄准大众市场的银行的关注，因为后者更愿意与大企业交易。

当然，小公司在条码支付公司出现之前也能够处理支付问题，但是大银行对大公司的业务更感兴趣，而且它们提供的支付服务对小公司而言既不便捷也不划算。但是条码支付公司是一家建立于银行平台之上的精简科技公司（这意味着它能利用大银行进行资金存储和保护），因此它可以为小公司提供划算的服务。相比于让小公司适应标准化的支付服务流程，条码支付公司主动拥抱了小公司。实际上，条码支付公司正在发展为一家多功能的公司。例如，它可以作为市场平台的交易结算场所，这些交易平台能够接受买方付款，并将钱转给卖方。（亿贝就是最著名的市场平台之一。）条码支付公司也推出了一项名为阿特拉斯（Atlas）的服务，以帮助世界各地的初创公司立刻注册为拥有美国账户的美国企业。兼具多种功能的条码支付公司能够将各种服务组合起来，为成立全球去规模化企业打造一站式服务。目前条码支付公司已成为当之无愧的去规模化金融平台，就连大公司也在使用条码支付服务，这意味着大型老牌企业也开始采用更新的去规模化结算途径。

我投资的另一家公司资本盒子（Fundbox）正在分割另一部分商业银行市场。这家公司通过推进支付未偿付的票据，帮助小公司控制短期现金流缺口。有时，小公司可能在等待大金额收入的同时需要支付账单或员工工资，所以它需要贷款来弥补资金缺口。资本盒子通过 AI 来观察某家公司的会计系统，并判断为其提供预付款的风险等级。对于公司而言，与去银行相比，这是更容易、更快捷、更划算的解决方案。

条码支付和资本盒子等公司是商业银行业革命的先行者。金融现在完全是数字化的。钱成了网络上的信息，会计任务由软件完成，交易是自动进行的。AI 能够监测一切，并将各个环节合在一起以了解公司的财务状况并帮助它做决策。一家又一家初创公司正在步入这一领域，以大银行无法实现的方式为小公司提供服务。这些创新者们以现有银行为平台，为客户量身定制服务，以此抢占商业客户、分割原有市场。

这对于顶级银行而言并不一定就是糟糕的。条码支付公司为银行带来了业务。这是多赢的局面——更多钱流入了这一系统，通过让小公司在全球范围内开展更多业务，条码支付公司刺激了商业发展；通过在银行之上建立服务，它将新资金注入这些银行。区别在于，条码支付公司与企业建立了关系而银行需要与条码支付公司建立关系。日积月累，大银行将会与许多客户失去联系。大银行将转变为大银行云。

在这种情况下，银行业将持续联邦存款保险公司记录的整合趋势。与云计算服务非常相似，美国只需要少量几家银行云。在这些云的基础上将产生不可计数的面向个人和企业的银行类应用程序和服务。中小型银行既没有能力将自身转变为巨大的银行云也无法灵活地与开发银行类软件的初创公司抢夺客户，因而最终将失去存在的必要。毫无疑问的是，许多中小型银行将被大型的银行收购，或者单纯地逐渐消失。

同消费者一样，到 2020 年左右，中小型公司可能不再会在传统银行中开户，而会向条码支付、资本盒子这类针对它们特殊需求的公司寻求服务。公司在这类应用程序中注册账户后，资金会从应用程序流入与这些应用程序合作的任意银行云账户。

曾经每家银行都有一系列为消费者和企业提供的大众市场业务；但长此以往，不断扩大规模的银行业将逐步分裂。服务将不再由银行垄断，独立应用程序将提供针对利基市场的服务。我们将不再去适应银行，银行会反过来适应我们的需求。这将成为自亚特兰大联储在 20 世纪 60 年代首次安装美国国际商用机器公司计算机以来，金融业最大的转变。

如你所知，我从事的工作被称作风险投资。自 20 世纪 80 年代软件行业起飞以来，它以自己的方式扩大了规模。到了 21 世纪，一些能够筹集到大量资金的硅谷大型风险投资公司主导了这一行业。这些公司通常是野心勃勃的企业家们的第一站，所以顶级风投公司能够首先发掘出最佳机遇，而这增加了它们与小型投资公司相比的优势，并确保它们能够继续利用自己的经济规模获取巨大的竞争优势。

在 21 世纪，初创公司引发了去规模化的投资模式。最早出现的是所谓的天使投资人，后来纳瓦尔·拉威康特（Epinions 公司创始人）和巴巴克·尼韦（投资博客风投黑客的运营者）又在 2010 年创办了天使名单网站。起初，该网站将初创公司介绍给风险投资者，后来其又演化成一种投资者联合体，为个人提供了一些有影响力的大型风投。同时，佩里·陈、杨西·斯特里克勒和查尔斯·阿德勒在纽约布鲁克林区推出了筹资网站 Kickstarter。它创造了能使几乎任何人投资任何事物的方式，包括公司、艺术项目、产品等，这种方式被称作众筹。截至撰写本书的时候，Kickstarter 已经从 1 240 万人中筹集到了近 30 亿美元，为超过 119 000 个项目筹集了资金。天使名单和 Kickstarter 以大型风投公司从未做到的方式为专业领域投资者和创业者提供了服务。

在 2016 年，美国证券交易委员会根据《初创企业融资法案》的指示，制定了新规则。政策在去规模化方面发挥了重要作用，《初创企业融资法案》就是一个例子。[6] 在过去，如果你在 Kickstarter 上投资了一家公司，你只能以提前获得该公司产品或者一个印有公司标志的咖啡杯作为回报。如果初创公司想要提供股权，投资者必须获得认证：他们必须拥有至少 20 万美元的年收入或者不低于 100 万美元的净资产。但《初创企业融资法案》框架下的新规定允许私营企业通过众筹获得资金，并为投资者提供股权以作为交换。

旧规则阻碍了风险投资的去规模化。现在，新的众筹网站，如种子投资、闪电投资人和我们投资人等，在新规则的推动下正在不断涌现。我们投资人的主页宣传语说到了点子上，它写着："打破富人的垄断。富人在投资高增长初创公司方面享有政府保护的垄断特权。现在每个人都有权投资他们所关心和信赖的事物。"网站上的待投资名单从光纤公司到罗德奥甜甜圈（品牌标语：美味甜甜圈和炸鸡、威士忌很配哟！）应有尽有。

这些民主的、去规模的投资机制为更多人提供了把握经济投资的可能，也使得小型利基公司更容易筹集资金并开始运营。

现在，区块链技术有可能取代金融业在帮助成长型公司筹集资金方面的作用。在过去的一个世纪里，公司能够从我这样的私人投资者处筹集资金，然后在证券交易所上市筹集资金以助发展。公司通过首次公开募股向投资者出售公司股票来筹集资金。像高盛这样的大银行主导着首次公开募股流程。在美国，首次公开募股受到高度监管，上市对于公司而言是代价高昂的沉重负担。

在2010年，区块链技术为公司筹集资金开辟了新途径：首次代币发售（initial coin offering，以下简称ICO）。通过ICO，公司向公众提供“代币”而非股票。这些代币储存在区块链中。代币并不一定代表公司的股份，它可能包括提供服务或产品的承诺，这种筹资方式类似于Kickstarter。ICO为公司和投资者创造了许多有趣的可能性。由于区块链可以自我管理并追踪代币的交易与转移，所以中央证券交易所不再是必需的。由于区块链分布在世界各地的计算机上，因此ICO具有全球性。任何国家的政府都无法轻易地对区块链进行监管。公司能够将自己的规则编入其ICO中，这些规则对于每个人而言都是透明的。在今天的美国，所有上市公司必须公布每季度的财务情况。而ICO公司可能会自行决定是每周还是每年对外披露财务信息，这取决于管理层期望如何运营公司。投资者能够看到这些规则并决定他们是否要投资这家公司。

我相信ICO尚处于起步阶段，距离成为主流金融模式仍需要10年之久。在2017年上半年，数十家公司通过ICO筹集了

15亿美元，拳击手弗洛伊德·梅威瑟和希尔顿家族女继承人帕丽斯·希尔顿等名流都投资了ICO公司。[7]同时，各国政府都对ICO感到担忧，因为它在很大程度上不受监管。美国证券交易委员会于2017年年中发布警告，称ICO可能违反美国证券法，而韩国和中国则完全禁止ICO行为。[8]尽管可能仍需数年时间，但基于区块链的ICO很可能会逐渐冲击投资银行、证券交易所、政府监管机构和风险投资公司的模式。

风险投资者在资助创新创业方面承担着巨大风险。将会有更多种类的投资方式帮助更多人群支持更多类型的公司。与银行业的情况一样，大型风险投资公司更青睐高净值人群和大公司。但是这些去规模化的投资方式能够以适合每个人的方式服务利基市场。像通用催化风投、红杉资本和安德森·霍洛维茨基金这样的大型风投公司不会很快消失，但是它们的角色将发生转变。我们已经变得越来越习惯于与需要大量资金的“大”初创公司打交道，然而那些处于边缘的企业家更可能向公众或者天使投资人寻求资助。

有一点是肯定的：随着金融的去规模化，它将为新型公司和商业模式带来巨大机遇。我们需要正确的政策以帮助去规模化金融以具有经济效益的方式出现，我会在本书第三部分对此进行讨论。如果一切顺利，去规模化将使得资本和机遇的分布更均衡，缩小贫富之间的鸿沟。

金融业是庞大的全球性行业，重塑它的时机已经成熟。在许多方面，它尚未赶上过去 10 年间由移动网络、社交网络和云计算所带来的革命。这一行业仍然是在大型计算机和专用网络上运行的。但是，去规模化的力量也会像改变其他行业一样，改变金融业和银行业。

以下是我观察到的一些面向企业的机遇：

消费者应用软件：银行并没有向消费者真正提供处理资金的创新方式。如今，许多公司正争相将自己置于大银行和消费者之间，它们实际上是把银行当作平台，并争取与消费者建立联系。数字公司就是一个例子，我还看到许多其他的案例正在出现。例如，财富前沿（Wealthfront）和倍特美（Betterment）会向消费者提供基于 AI 的财务建议。用户授权 AI 软件访问自己的金融账户后，AI 软件就可以学习模式和目标，并提供通常是由人类财务顾问提出的建议。AI 财务建议的成本比支付给专业人士的费用要低得多。斯塔施（Stash）是一款帮助消费者根据自己的性格类型，一次只投资一点点股票的应用程序。它可以引导有社会意识的投资者投资慈善事业。贷行（Lenddo）依靠来自社交网络的数据，而不是传统的信用评分来判断某人是否会偿还贷款，这意味着从未拥有过银行账户或信用卡的消费者也有机会向公司借钱了，迄今为止，它的大多数客户都来自菲律宾和印度等发展中国家。随着银行业的去规模化，以及软件利用 AI 了解个人，更多面向那些没有银行账户的人的新型银行服务将会涌现。世界银行称，这些人占全球人口的 40% 以上。

另一个有趣的机遇是税收。再过 10 年，任何人自己去纳税或聘请会计来做这些事都将显得很愚蠢。对很多人来说，他们的账户几乎都已经数字化了，银行记录、个人退休账户、信用卡交易等等皆如此。纳税法是浩大的算法，可以在特波税务软件（TurboTax）这样的软件中编码。因此，现在就使用 AI 吧，它了解你的财务状况和免税代码，它能够持续自动计算你的税务，而不是一年一次。等到了纳税日，你已经精确地知道自己的税额了。只要点击“发送”按钮，你就可以完成纳税。2017 年年初，美国国际商用机器公司 和布洛克税务公司（H&R Block）开始为布洛克的客户提供沃森 AI 税务支持。不久的将来，消费者将通过某些 AI 税务技术完成纳税，税务代理人和传统税务软件将难以跟上潮流。

商业服务：大银行会为大公司提供一系列服务，但小公司难以获得它们的关注，更不用说得到贷款了。去规模化意味着企业能够通过专注于利基市场获益，我们无疑会看到大量新公司为小公司提供有趣且有针对性的商业服务。

前面提到的资本盒子就是一个例子，这家公司利用 AI 和数字化的财务数据做出即时决策、向小企业放贷以缓解其现金短缺。条码支付公司可能是最有影响力的实例，它创建了能够帮助世界各地的小公司立即将产品或服务推向全球的支付系统。总部设在德国的 Lendico 公司声称自己是小企业的“贷款市场”。这家公司开发的应用程序完全撇开了银行，它能够帮助借款人与任何有闲钱的人建立联系，并使用 AI 分析贷款人和借款人两者的可靠性。小公司需要的任何金融服务最终都将嵌入云中的应用程序里，由 AI 驱动。

数字货币：比特币、以太和其他基于区块链的全球货币在 2010 前后受到了广泛关注。尽管我不相信这些加密货币很快就会扰乱各国货币，但政策制定者们需要对其加以关注。中国观察人士认为，中国正在努力开发一种加密货币，以削弱美元在世界经济中的主导地位。如果加密货币获得广泛认可，它们可能会取代较小的或货币不稳定的国家的货币。数字货币将得到空前的发展，我们需要了解它们的潜在影响力。

除了货币，区块链技术还允许将金钱、信托和合同编码嵌入软件中，并以防篡改的方式在全球范围内传播给任何可以访问云平台的人。换言之，金钱不可能被盗，信托不可能被伪造，合同可以实现自我监控，并在某些承诺被破坏时向各方发出信号。有一个创新型公司通过使用区块链重新思考资金概念的例子：秘鲁环保银行（Plastic Bank）的一项使命是刺激人们收集塑料进行回收利用，主要面向发展中国家，因为那里的大部分人都没有银行账户，而携带现金又非常不安全。该公司与世界各地的垃圾回收中心以及用回收塑料制造产品的公司进行合作，试图结合生态系统和软件，帮助建立回收塑料的全球性市场。另一方面，任何人都可以注册环保银行的账户，并将收集到的塑料卖给环保银行，他们的账户便会得到区块链驱动的数字货币，他们通过手机即可查看。数字货币可用于支付教育、医疗方面的费用。用户甚至可以前往某些银行的自动取款机，并在没有银行账户的情况下将他们环保银行的存款兑换成现金。将区块链、移动网络、云这些技术结合起来，数以千计像环保银行这样富有想象力的创新成果将不断涌现。

7

媒体的去规模化路径

传媒业去规模化的程度比大多数行业更高，这使它成为其他行业借鉴的对象。去规模化的传媒为我们带来了许多新时代的奇迹，例如，网飞公司的点播电影和声破天的流媒体音乐。但它也冲击了新闻业（这对美国的体制而言至关重要），引发了媒体喧哗，加剧了世界各地的政治分裂。我们当前的传媒业表明了，如果政策制定者未考虑到去规模化的影响时会发生什么。

在21世纪，移动网络、社交和云技术对于瓦解、分化媒体起到了很大的作用。在新闻界，单篇文章能够从《纽约时报》或《新闻周刊》等源出版物中分离，再在脸书或推特上重新排版发布，而这会省下大量投给出版物的广告费。史蒂芬·科尔伯特滑稽表演的网络剪辑视频，独立于他的深夜档电视节目，在YouTube

上流传。网飞和葫芦网等流媒体服务商使订阅者能够随时选择想要观看的节目或电影；截至 2017 年，这些服务的美国订阅者已超过有线电视的用户数量，而传统有线电视总是把众多娱乐节目捆绑在一起。[1] 音乐领域的情况也很类似：声破天和潮汐音乐（Tidal）等流媒体音乐平台上的歌曲从音乐专辑中独立了出来。一路发展至今，互联网时代已经催生了数以百万计的博客、视频节目、个人录制的歌曲以及播客。

然而，AI 和去规模化经济才刚刚开始在传媒领域一展身手。奇怪的是，广播，作为长期以来并不时兴的传媒领域，却提供了一个令人惊讶的窗口，让人们了解到，AI 蕴含的动力将如何进一步改变新闻和娱乐行业。希望即将来临的变化发展将为媒体业带来一个有利而多产的时代。

让我们回顾一下广播是如何扩大规模的。支撑这个行业运转的成本非常高。确保广播射频频谱的稳定，建造广播塔，购买广播设备，雇用流行音乐播音员和新闻工作人员，以及组建营销团队来销售广告赚取收入，所有这一切都价格不菲。一旦广播电台老板完成了上述工作，那么他为 10 个人或是上百万人接通信号所需要花费的成本几乎是相同的。因此，从广播事业中赚钱的方法就是制作受大众喜爱的节目，从而吸引尽可能多的听众，以增加广告收入。接下来甚至更妙：增加无线电台，在所有电台中添加标准化的音乐播放列表，这样所需的人工就会减少，再将广告销售和其他业务部门集中起来。之后，在20世纪末，美国政策的改变加速了无线电广播的推广。1996年的《美国通信法》废除了防止任何一家公司开设过多无线电台并过分利用规模经济的重要规则。在1996年《美国通信法》颁布之前，任何公司都不能拥有超过40个无线电台。到了21世纪，电台巨头心水媒体［iHeartMedia，前身是明晰频道（Clear Channel）］拥有超过1 200个电台。规模经济的诱惑使得合并浪潮在许可的范围内喷薄而出，像心水媒体这样的公司寻求音乐播放列表的标准化和自动化，导致广播节目的多样性下降。

但是在国会通过1996年法案不久，电台就开始尝试互联网。在1994年，北卡罗来纳州教堂山的WXYC FM电台第一次将广播节目放在互联网上，允许全世界任何地方的任何人在计算机上收听节目。无线“电台”再也不需要电台塔的存在了，只需要网络链接地址。数十家创业公司开始尝试互联网电台。在1998年，马克·库班［Mark Cuban，现在是NBA篮球队达拉斯独行侠队（Dallas Mavericks）的老板，同时也是电视节目《鲨鱼坦克》中的明星］和他鲜为人知的联合创始人托德·瓦格纳想到，大学体育赛事广播节目可以通过互联网传播，吸引数千里之外的粉丝。他们成立了广播网（Broadcast.com），以整合互联网广播节目（后来又开始整合视频，虽然在互联网拨号时代，视频还不能流畅地播放）。雅虎对广播网很感兴趣，在 1999 年花费 57 亿美元收购了它。

然而广播网在雅虎旗下最终倒闭、消失了。互联网广播既没有产生影响力也没有赚到钱。在低保真手机网络的时代，互联网广播还无法在车里或手持设备中播放。广告商并不知道谁在收听节目。他们长期以来习惯于至少知道听众在某个确定的地理区域，所以他们可以尝试在本地餐厅或汽车经销商处销售产品。但广告商并不知道当听众散布全球时能够做些什么。除了网络广播所面临的全部挑战之外，消费者也难以找到他们想看的节目。网络广播太难进行检索了。

因此互联网为去规模化带来了希望，像库班和雅虎管理层的人早就发现了这种情况，但是他们无法利用利润和商业模式来实现广播网的去规模化。为此，正在出现的去规模化无线电行业需要一种新的可供租赁的平台。

这就是得克萨斯州企业家比尔·摩尔的突破口。他从加州大学伯克利分校获得了工商管理学硕士学位，并在高效网络（Efficient Networks）工作了 6 年，这是一家向电信公司出售软件的企业。大约在 2002 年，他萌生了一个想法：用数字记录器来录制电台节目。这个想法立刻突出了搜索电台的问题：尚没有在线搜索电台节目的好办法。谷歌可以基于文本抓取新闻故事中的文字来提供搜索结果。连接到有线电视的硬盘录像机能够展示电视节目单以帮助用户选择想要录制的节目。但是广播很少有节目单，因为它通常是由口头语言和音乐组成的，无法被搜索引擎抓取。如果你想寻找能连续播放几个小时某一类型音乐的电台，祝你好运，我觉得你根本没有办法找到它。电台陷在上一个时代里，它似乎并不适合互联网。

为了部分地解决这些挑战，摩尔决定打造他所谓的“米尔电台”（Radio Mill）。他向世界各地的电台承办人收集当地广播电台和节目的信息，然后将这些信息置入一个可以安装到个人计算机里的软件中。用户输入某个电台节目的名称后，软件就能找到即将播放该节目的电台，对它进行录制并保存到硬盘里。实际上，这就是摩尔的广播硬盘数字录像机。

作为一种消费者产品，“米尔电台”失败了。但摩尔不断改进自己的观点。他开放了广播机的应用程序平台，因此其他开发人员能够在它的基础上继续研发。2007 年，苹果手机进入市场，移动网络速度提升至宽带速度，使得高品质互联网广播成为可能。现在，独立电台能够凭借租赁规模与规模庞大的行业巨头对抗。2010 年，摩尔将他的公司搬到了硅谷，并将其改名为 TuneIn。

在接下来的几年里，TuneIn 转变成了广播界的网飞。它在全球数以千计的电台中拥有可搜索数据，它的应用程序能够让用户查找、收听任何广播内容。该公司获得了广播大联盟体育赛事的权利。2016 年，它的用户数已经增长到了 6 000 万。用户几乎可以随时随地用 Tuneln 的应用程序查找和收听广播内容，其品质与传统广播类似。专业型的广播节目能够依赖 TuneIn 的平台，搜寻拥有相同爱好的听众，服务利基市场，从而分割心水媒体等巨头的听众市场。正如网飞使用数据和 AI 来决定录制何种电视节目一样，TuneIn 也根据 AI 对听众的理解，制作了一些自己的内容。

所有这些都导致了 AI 和现在正在涌现的真真切切的去规模化革命。新技术意味着互联网电台将拥有极大优势：地区电台对听众的了解相对较少，然而 TuneIn 却通过其应用程序收集了大量数据，包括用户在何时何地收听了什么、哪些人会收听哪些类型的电台节目等。通过 TuneIn 的 AI 驱动软件筛选出的数据能够向用户推荐电台，其方式既可以类似于亚马逊的：如果你喜欢这把刀，那么你可能也会喜欢那种勺子，也可以类似于网飞的：基于你以前看过的电影向你做出推荐。通过这种方式，TuneIn 能够帮助小型独立电台精准地找到充满热情的观众，并掌握这些观众的相关信息。所有的这一切帮助网络电台首次赚到了钱。TuneIn 现任首席执行官约翰 · 多纳姆（John Donham）表示，未来几年，这将会为网络电台创造良性循环。多纳姆说："数字广播内容的质量将会飙升，使得地区电台黯然失色。当广播成功转变为线上媒体时，我很难想象电台塔未来还能作为电台直播的基石。”[2]广播贸易出版物《电台墨水》对地区电台的看法呼应了多纳姆的观点。卡茨传媒集团战略主管斯泰茜·林恩·舒尔曼写道：“最优秀的音频程序员将找到最佳方法，将模拟电台的便携性与数字环境的个性化完美结合起来。”[3]广播巨头为大部分人提供了符合最低流行标准的大众节目，这种做法的竞争力可能会不断下降，因为越来越多网络电台将听众看作个体市场，它们直接与观众交流，并为其设计迎合其口味的节目。

广播业正在发生的情况，与AI和去规模化经济瓦解、重组传媒业的其他各领域时的相似；而在这之前，传媒业已经经历了一百多年的规模扩张。

在20世纪早期，“传媒”主要指报纸。1909年，美国的报纸发行种类达到了峰值2 600种。[4]它们几乎都是独立存在的，由一些小公司和家庭企业所有，都植根于城市或城镇。在1900年的纽约市，每天有超过15种日报出版，从《纽约时报》到《纽约美国人》、《每日镜报》、《世界》、《太阳报》和《纽约新闻报》。（现在发行的报纸减少为《泰晤士报》、《每日新闻》、《纽约邮报》，除非你算上报社总部设在纽约的全国性报纸《华尔街日报》。现在美国大部分城市只有一份主流报纸。）

当时高效的由电力驱动的自动印刷技术使得报业实现了规模经济。其中一个主要推动者是赫尔曼·里德。他出生在纽约市的一个天主教家庭，父母是德国人，他在经营一份德语报纸和一份天主教报纸的同时，发明了具有突破性的印刷机。1911 年，他成立了国际排版机械公司，将自己的印刷机称为“整行排铸机”。1912 年《纽约商务日报》报社安装了第一台机器，之后的几十年里，整行排铸机成了最重要的报纸印刷机器。

这种印刷机使报社能够在更短的时间内印出更多报纸，从而建立更大的读者群。更大的读者群会使报社从广告和订阅中获得更多收益，提升其经济效益。吸引更多读者的途径是刊登能够吸引大众的新闻内容，因此报社编辑部试图找寻更广泛的主题以满足不同人的兴趣，他们开始将城镇里任何可能有用或有趣的新闻整合在一起，涉及体育、商业、政治、犯罪等等。能够扩大规模的报社比做不到这一点的报社更具竞争优势。到了 20 世纪 20 年代，大量无法扩张的报社要么破产要么被并购，成功报社的体量便越来越大。《哥伦比亚新闻评论》报道，从 1919 年到 1942 年，虽然美国人口增长了 29%，但报纸的数量下降了 14%。幸存报纸的发行量激增，传媒的规模时代达到全盛。[5]

在 20 世纪上半叶，各类媒体都经历了相似的变化。宾夕法尼亚州匹兹堡的 KDKA 电台作为第一家获得联邦许可的商业广播电台在 1920 年开始营业。1926 年，美国国家广播公司继哥伦比亚广播公司成立一年后推出了国家广播网络。网络的概念是观众越多，经济效益越好。争取更多观众意味着迎合大众喜好，无论是播报新闻还是棒球比赛或者《独行侠》等流行剧都是如此。

接下来是电视。1928 年，第一个实验电视台 W2XB 在纽约州斯克内克塔迪通用电气的一家工厂开播。11 年后的 1939 年，美国国家广播公司推出了首个常规电视服务，并在纽约世界博览会上播放了罗斯福总统的演讲。广大美国消费者迅速接受了电视节目。在 1941 年，美国有约 7 000 台电视机；到了 1950 年，这一数字已经增长到近 1 000 万台；而到了 1959 年，美国家庭和企业拥有的电视机数量达到了惊人的 6 700 万台。[6] 大众市场和规模经济再一次大行其道。电视台为了吸引最广泛的观众，制作了像《我爱露西》这样稳妥、受众广的喜剧，并播放棒球和拳击等流行体育节目。随着电视新闻的发展，它们趋向于中立而客观的立场以便吸引所有人。

到了 20 世纪下半叶，电视、广播和报纸几乎覆盖了每个美国家庭。此时达成更大规模经济的方法是合并，拥有更多报社、电视台或广播电台意味着公司能够利用规模经济更有效地占领不断增长的大众市场。政府制定了监管规则，防止少数几家公司拥有太多传媒资源，这一规则在几十年里逐渐放宽，直到2000年被彻底取消。1974年，赫尔曼·里德创立的报业公司与奈特家族创立的报业公司合并为奈特·里德公司，它一度是美国最大的报业集团。由弗兰克·甘尼特于1906年在纽约州埃尔迈拉市成立的甘尼特集团疯狂实行并购，并在1979年拥有了全美78份报纸（今天拥有超过100份）。心水媒体收购了数百家广播电台。电视业也以同样的方式并购、兼并。一些公司会同时购买报社、电台和电视台以组建大型传媒集团。1983年，大约50家公司掌控了美国全部媒体的所有权；截至2012年，不断进行的并购将超级主流媒体实体压缩至屈指可数的几家，包括康卡斯特、迪士尼、维亚康姆、新闻集团、时代华纳和哥伦比亚广播公司。21世纪头10年似乎成了媒体巨头扩大规模的顶峰。

然而21世纪头10年也标志着AI和去规模化经济开始为媒体巨头的高管们带来挑战。[7]

这些自2007年起发展起来的技术，包括移动网络、社交网络、云技术等猛地打开了媒体去规模化的大门。

报纸上刊登了不同主题的文章和各种各样的广告，拥有广泛的受众。像克雷格列表（Craigslist）和巨兽网（Monster.com）这样的网站分割了分类广告的市场。像政治网站政客（Politico，成立于 2007 年）和商业网站商业内幕（Business Insider，成立于 2009 年）这样的博客和专业化新闻网站吸引了对特定主题感兴趣的受众。全新的、更具针对性的在线信息一点儿一点儿地抢占了纸媒信息的份额。以脸书为主的社交网站摆脱了新闻出版物的束缚；通过脸书，人们可以发布日志给自己的朋友看。脸书的算法能够了解你可能喜欢阅读哪类故事，然后为你提供重新整合过的多来源新闻，这一切都是为了迎合你而定制的（之后我将论述这样做的优缺点）。

去规模化的早期影响对于传统新闻出版业而言犹如一场经济学噩梦。广告收益逐渐降低，股票价格一跌不起。2017 年《纽约时报》的股价跌破 2002 年顶点时的一半。根据皮尤研究中心统计，2014年，线上线下的媒体公司雇用的记者比20年前减少了两万名。仅 2016 年一年，皮尤研究中心就统计到传媒行业经历了 400 次并购和裁员，而且这种趋势没有显示出减弱的迹象。我的合著者凯文·梅尼切身体会了这场转变。他为《今日美国》撰稿 22 年，并于 2007 年该报社第一次并购与裁员之前离职，之后它又经历了多次并购、裁员。[8]

电视不再能像过去那样掌控大众市场观众。这不仅仅是因为观众分散在小众有线电视频道中，也因为技术使得网飞和亚马逊等公司能够通过即时点播节目与广播电视竞争。通过 YouTube，任何人都能在自己的卧室里录制节目并在全球范围内发布，一些顶级达人比传统网络电视情景喜剧还能吸粉。[莉莉·辛格（Lily Singh）的女超人频道拥有 1 030 万订阅者，其年收入为 750 万美元，该频道包括“胸罩为啥很可怕”（Why Bras Are Horrible）等有趣的节目。][9] 无论是完整长度的电影、现场体育直播、新闻还是自制的趣味视频，现在都没有必要通过电视机收看，我们能够通过智能手机、平板电脑或笔记本收看它们。皮尤研究中心发现，订阅网飞、葫芦网等平台付费服务并使用智能手机观看电影或电视剧集的用户比例由 2012 年的 15% 增长到了 2015 年的 33%，翻了一番有余。[10]

我之前提到过，我在 2012 年第一次见到了色拉布的创始人。色拉布的功能是使用户发布的照片快速消失。之后色拉布创建了自己的商业模式，它认为我们所做的一切都会产生数据的情况是有违自然的。在互联网出现之前的几千年里，我们的对话在下一秒就消失了；并没有设备记录下你去过哪些地方；在你读完报纸的时候，报纸也不知道你都读了哪些内容。色拉布吸引的我正是它想要实现的那种类似私人通信的方式。那就是令我恍然大悟的时刻，我意识到，正如我早前提到的，技术最终将适应我们，而非向相反的方向发展。这一点在媒体中越来越重要。在相当长的一段时间里，我们都习惯于被媒体支配的状态：为了观看你最喜欢的节目而在特定的时间守在电视机前，或者在早上拿到报纸后，不得不略过所有你不关心的东西，找到你感兴趣的内容。这些行为太自然不过了。在互联网时代，许多像网飞和脸书这样的平台会收集关于你的数据，以便向你推送更多你可能想看的内容，但这种方式压根不自然。在互联网出现之前的几千年里，你并不需要为了娱乐而牺牲自己的隐私。

因此，能使人们以一种自然的方式进行对话的色拉布也可以提供一种更自然的媒体服务，无论你什么时候想要接触某物，你的浏览兴趣都不会留下踪迹，这重新为移动设备定义了媒体。色拉布正在不断扩大其影响力，美国有线电视新闻网、《经济学人》、异视异色（Vice）都与色拉布展开了合作。色拉布赚钱的方式不是销售广告，而是向传媒公司出租平台，这些公司想要吸引年轻而不愿意被追踪的移动用户。当我撰写本书的时候，色拉布在全球已经拥有约 1.6 亿活跃用户。虽然它正在亏损，但色拉布平台仍在起步阶段，我相信它很有可能成为一家重要的公司。

规模在传媒中的竞争优势已经逐步、逐个平台地被 2007 年后出现的技术所扼杀。这一行业正在分散化。小型、专业型的新兴企业可以建立在 YouTube、TuneIn 或色拉布等全球性平台上，并为那些曾经只能选择传媒巨头提供的大众市场产品的利基观众提供服务。接下来仍将如此，未来 10 年的科技将创造全新的传媒机遇。

AI 将在传媒中发挥越来越大的作用。AI 承诺帮助消费者找到他们想看的新闻或娱乐节目，并引导新闻或娱乐节目被有偏好的人群获取。网飞就吃到了甜头。大约从 2017 年起，网飞开始基于你观看的电影和打分为你推荐电影或节目。如上所述，网飞也收集关于观众观看习惯的数据，从而分析应当制作哪类节目。（网飞当然做得很成功。它在 2012 年的股价是 12 美元，而到了 2017 年中期，其股价达到了 150 美元。亚马逊和其他流媒体服务商正在复制网飞的策略。）随着越来越多的内容被搬到了线上，每次媒体选择都成了一个数据点。软件能够知道谁在哪里看了什么，甚至能知道他们在浏览的时候还做了些其他什么。这一趋势颇为极端，也颇具争议，一家名为电视洞悉（TVision Insights）的公司能够使用电视机的摄像头监控正在观看电视的用户，并向广告商和程序员发送有关观众的数据，包括用户在收看广告的时候是不是去看手机了，或者看节目的时候是否笑了、皱眉了，以便广告商利用更多数据制作高度针对性的广告。观众能够选择是否允许电视洞悉抓取数据，但这种技术的存在引起了一些担忧，即其他实体可能在你不知情的情况下侵犯你的隐私。

在 AI 驱动的传媒世界中，我们感兴趣的传媒内容会直接找到我们，哪怕它是在其他大陆上制作的并不出名的节目。AI 非常了解我们，只会在我们真正想要收看节目的时候为我们推送节目，无论我们打开何种装置，节目都会恰好在播放。传媒内容将真正为了个体观众而进行整合。信息捆绑的网络、频道和报纸都是没有意义的。我们越来越希望 AI 能够组建一个能从任何人在任意地点制作的各类传媒节目中挑选适合我们的内容的专属"频道"。但是，这再一次引起了人们的担忧，即我们每个人都会陷入自己的传媒孤岛，而不是与大众市场分享传媒经历。这到底是好是坏取决于你的观点。消费者可能更开心，因为他们接触到的都是自己喜欢的。但这也可能使我们沉迷在自己的传媒世界里。

AI 掌控了传媒业利润的关键。今天最具价值的广告一定是最有针对性的。广告媒体会向脸书和谷歌支付更多费用，因为它可以从这些平台收集的数据中了解你，并向你展示你可能希望看到的广告。AI 媒体平台将把广告投放提升至新的水平。如果你选择加入并允许媒体访问你线上线下活动中的数据（通过物联网设备获取），你就只会看到你可能想要的产品广告，且只会看到对你有效的广告。如果你对某一有趣的广告做出了更好的回应，那你就会看到更多的类似广告。广告的个性化程度越高，广告商支付的费用就越多。通过这种方式，初创公司能够在车库中为利基市场受众制作电视节目，将之发布在 AI 驱动的媒体平台上，并因为精准投放而获得广告费，同时电视内容也会更多元，并能获得更多利润。这就是 TuneIn 的方向——一个旨在帮助互联网广播找到适宜的利基市场听众的 AI 驱动平台，付费的广告商可以通过 TuneIn 接触到目标客户。这就是传媒时代的标志。

在这样的传媒市场中，规模化的媒体将失去它的优势。人们希望获得为他们定制的娱乐内容和新闻，而不是为最广泛受众设计的大众市场节目。大众市场节目中总会有一些吸引人的内容，因为社会上的大部分人都会收看这些节目，比如超级碗或奥斯卡巨星分享经历等。但是数百万人收看平淡无奇的情景喜剧（只因为这是唯一播放的节目）的日子已经不复存在了。大多数时候，我们每个人都窝在自己的媒体泡泡里，收看或收听各类媒体制造的各种类型、各种长度的内容。越来越多大型传媒公司的观众将流向创新企业，像网络电视这样的传统媒体将持续败给色拉布、网飞和 YouTube 等平台。

AI 驱动的个人媒体引发了严重的社会问题。2016 年唐纳德·特朗普当选美国总统，揭示出美国社会的严重分裂，而 2010 年前后的媒体格局极大地促成了这些分裂。当规模经济控制着新闻媒体时，制作中立新闻对于主流媒体而言最具经济意义，因为这样能够吸引最广泛的受众。当去规模化经济占据了统治地位后，新闻媒体开始出现变化：更好的商业模式是针对规模较小的、富有热情的观众，其方式是充分利用个人偏好［如福克斯新闻（Fox News）和布莱巴特新闻网（Breitbart News Network）所做的］，分化原来中立的大众市场新闻受众。出现这种变化的原因在于像布莱巴特这样的党派壁垒分明的媒体的崛起，以及公众对传统主流媒体失去信心。2016 年盖洛普民意调查显示，只有 32% 公众信任主流媒体。[11] 2017 年，特朗普总统持续为主流媒体贴上“假新闻”的标签，试图抹黑它，至少在他的热心追随者面前他是这样做的。正如我在 2017 年中期所写，很难预测这种趋势将持续下去还是会反转。

毫无疑问的是，去规模化将继续推动人们选择更小众、更具偏向性的媒体，传媒企业家也将为了利润服务富有热情的利基受众，并针对他们制作新闻节目。我们都会感觉我们获得了属于我们的新闻，每个人看到的内容都会与其他人的不同。这些趋势会使得我们更难以消除分歧，更难以与其他人交流。如果说过去的一切只是序曲，那它将持续破坏我们的政治生态，并搅乱我们规模庞大的主要政党。这是好是坏，都取决于你的观点。

传媒业比大部分其他行业更早开始了去规模化进程，第一波浪潮为新型专业化新闻网站和基于数据的娱乐公司创造了机遇，也为我们收听音乐开拓了许多新途径（iTunes 和声破天等）。下一波机遇可能会围绕 AI 展开，而且，在未来的几年里，VR 和 AR 也会发挥重要作用。

AI 平台：TuneIn 正在演变为能够有效实现媒体去规模化的 AI 平台。如上所述，AI 能够在一端了解消费者的喜好，在另一端了解创作者制作的内容，并把这些内容传递给期望浏览的人，这一过程不受地域因素制约，广告商也会因此付费。TuneIn 在广播行业中实践了这种模式。网飞则以它自己的方式，在电视行业中植入了这种模式。

我相信，在 AI 驱动的新闻、音乐、书籍、游戏或任何其他内容的平台上，还蕴藏着无限机遇。亚马逊回声（Echo）是一款类似扬声器的小工具，能够利用公司的亚历克莎回应任何语音命令。它是一种新型平台，正在不断试验以传输音频新闻、音乐、有声读物和其他信息。（谷歌、三星、苹果和其他公司都急于追赶亚马逊的平台。）福特和其他汽车制造商正在构想将自动驾驶汽车打造为全新的道路媒体平台，这样人们就可以在车里观看由 AI 提供的电影或基于定位的其他媒体的内容。我们尚处于 AI 驱动媒体平台的开端，毫无疑问将会有令我们大吃一惊的新发明出现。

VR：沉浸式娱乐是 VR 的一个发展方向。随着技术的进步，有人会弄明白如何使大众成为电影的一部分，而不是单纯看它在屏幕上播放。有人会弄明白如何使在线体育以 VR 的方式呈现，这样我们就能身临其境，好像我们是赛场上的球员一样。有人会弄清楚如何让我们站在虚拟舞台上，和 U2 乐队或者碧昂丝一起演唱。

这些都是个人的经历。当它更像互联网一样，成为开放平台时，VR 会变得真正有趣，你可以尽情漫游，就好像在现实世界中一样。菲利普・罗斯戴尔是第一批搭建虚拟世界的人，他将之命名为第二人生。他正在努力把他的新公司高保真公司打造成这种网络 VR 平台。在这样的世界里，网上购物给人的感受，就像在实体商店和亚马逊网即时购物之间交错。想象一下你今天能够在互联网上做的所有事情，工作、社交、学习、购物，这些都将通过 VR 实现，所以那感觉会像在现实生活中真正经历了一样。

AR：再过 10 年，AR 甚至可能比 VR 还有趣。要真正创造全新的娱乐形式，技术必须得到改进，要创造真正的 VR 是一件富有挑战性的事情：必须无缝地将动态图像插入你周围的现实生活中。开发人员的脑海中满是关于 AR 的想法。我们可能会看到一些新

AR 传媒公司选取一些公众人物，如前总统、著名作家、顶级学者等，并将他们的性格、习惯和演讲编程为 AR，这样任何人都可以和虚拟的他们坐在一起吃晚餐了。也许电影和电子游戏都能够被设置在你家或者附近街道里。很容易想象烹饪示范与你实际上正在厨房里做的事情融为一体。就此而言，任何类型的教练都可以虚拟地与你在一起，以模拟私人课程的方式教授你吉他或滑雪课程。增强的、有利的发展方式是去规模化媒体朝着个人市场迈进的良好的例子。

我们看到了一些不错的早期试验。一名开发者在北卡罗来纳州的一所房子里设计了一个神秘的谋杀游戏。玩家们通过使用智能手机（其功能如同夏洛克·福尔摩斯的放大镜）在房子里穿梭，寻找所有 AR 覆盖的线索。[12] 诸如此类的情形正是人类互动和 VR 技术的强大融合。

如果你将媒体所有的进步发展加在一起，那么传媒业的去规模化将会反过来推动大众市场消费品的去规模化，我将在下一章详细描述。

8

去规模化的力量：分割消费产品市场

2010年，移动网络、社交网络和云技术，以及租赁这些平台即刻开展业务的能力，使得企业家们萌发了一种想法，即可以在任何领域创建去规模化的新公司。一群资金短缺、经验不足的研究生得出了他们也能够挑战实力雄厚的全球消费品巨头、改变大众购买眼镜模式的结论。他们的想法催生了瓦尔比·派克眼镜公司。

瓦尔比公司的一位联合创始人尼尔·布卢门撒尔并不完全算是眼镜行业的新手。作为一名国际关系和历史专业的毕业生，他获得了前往萨尔瓦多学习的奖学金，在那里他与视力春天（VisionSpring）进行了非比寻常的慈善合作。视力春天在发展中国家培训“视力创业者”，这些创业者之后会前往农场为人们检测视力，并以低于 4 美元的价格售卖眼镜。布卢门撒尔帮助这些旅行企业家们更好地销售眼镜，甚至他还前往中国，试图以更低的成本采购眼镜。

布卢门撒尔之后参加了沃顿商学院的工商管理硕士项目，在那里他认识了戴维·吉尔波亚。在就读沃顿之前，吉尔波亚曾是一名医学预科生，并接连在投资公司贝恩资本和艾伦公司工作了一段时间，他曾在飞机座椅后袋中丢了一副价值 700 美元的普拉达眼镜。想到他购买口袋里的苹果手机只花了 200 美元，吉尔波亚回忆说："我要再花 3 倍于手机的价格购才能购买一副新眼镜，这并没有意义。"在沃顿，吉尔波亚将他的故事分享给布卢门撒尔和其他两个朋友安德鲁·亨特和杰弗里·瑞德。（瑞德后来成立了哈利之家，这是一家与瓦尔比模式类似的男性美容初创公司。）吉尔波亚后来告诉《快公司》："我们开始讨论为什么眼镜这么贵，之后我们对陆逊梯卡眼镜公司（Luxottica）做了一些了解。"[1]

陆逊梯卡正是商业领袖在 20 世纪建立的那种公司。1961 年，莱昂纳多·戴尔·维奇奥在意大利北部的一个小镇成立了陆逊梯卡，制作眼镜零配件。到了 1967 年，他开始出售成品眼镜，几年后，他开始为其他品牌制作眼镜。他深信纵向整合和规模经济，所以收购了一家眼镜分销公司，以便将他的产品推向市场。他与设计师品牌签订了特许协议，购买了零售商店，他的战略是创建该行业最大的公司，尽可能地向最大规模的顾客群销售产品。最重要的是尽可能多地销售眼镜，这样他就可以充分发挥固定成本的优势，使得陆逊梯卡比任何小型竞争对手都更高效、更能赢利，同时他也根据有利于陆逊梯卡的情况暗中布局。

到了 21 世纪初，陆逊梯卡已经拥有了价值 650 亿美元的产业，为阿玛尼、奥克利、雷朋、普拉达、香奈儿和 DKNY 等知名品牌制作眼镜并销售。它经营的商店包括亮视点、珍视公司、太阳镜小屋和目标光学。（2017 年年初，陆逊梯卡加快了扩张规模的步伐，以 490 亿美元的价格收购了法国眼镜制造商依视路（Essilor），并重新将该公司命名为依视路陆逊梯卡（EssilorLuxottica））。在眼镜行业，陆逊梯卡成了所有人的眼镜制造商。在规模主导的时代，只有建成超级大公司才能获得优势。这需要几十年的时间，同时，它形成了竞争优势，因为竞争者需要花费很长时间才能变得足够强大，以对它形成挑战。

除此之外，陆逊梯卡的投资模式还深深依赖于消费者在老式的街边和购物中心的实体店里购买眼镜。购镜过程是这样的：首先，眼科医生或验光师会为你检查眼睛，并记录下你的视力情况；然后你带着视力信息前往商场中的店里，挑选镜框和镜片，几周后你再开车去商店取你新配的眼镜。

当陆逊梯卡持续扩大规模，投资从生产端到销售端的旧模式时，科技行业正在构建强大的数字平台，包括互联网、移动网络、智能手机、社交网络、数字支付系统、云计算、开源软件和全球合约制造商。这些平台中的任一项都能使得任何人拥有涉足这一行业的能力，而这些能力一度是陆逊梯卡不得不完全以一己之力打造的。例如，尽管陆逊梯卡需要开拓全球零售连锁店以向大型市场销售眼镜，互联网 + 移动网络 + 云计算 + 数字支付系统就意味着像瓦尔比·派克眼镜公司这样的新兴企业能够建立在线商店，并瞬间扭转局势。

这就是瓦尔比所做的。

其核心理念是在线上销售样式时尚的设计师款精选眼镜，而其成本只有吉尔波亚遗失的普拉达眼镜的一小部分。客户可以订购 5 个镜框进行试戴并将它们寄回，这种模式与网飞的 DVD 邮寄服务相同。（最终瓦尔比开设了实体店，以方便人们选择镜框。）瓦尔比利用了新平台的优势。在互联网上，人们可以开设网店，将东西卖给任何地方的任何人。脸书和谷歌为客户和瓦尔比提供了找到彼此的途径，而这种成本比电视或杂志广告要低得多。瓦尔比公司可以通过云技术管理业务，并不用购买服务器或者租赁数据中心。它可以雇用外包制造商批量生产瓦尔比镜框。当业务挪到线上后，它能收集到数据。陆逊梯卡可能需要进行市场调研才能发现顾客想要什么，而瓦尔比可以从它的在线商店中得到持续的反馈，并以城市年青一代为目标受众定位产品。陆逊梯卡能够获得商店正在销售些什么的数据，但是瓦尔比能够获得每位客户正在买什么的数据，甚至，它能够通过网站发现客户浏览了什么而没有购买。这些关于客户的私密信息能够帮助瓦尔比了解哪些设计对目标受众最具吸引力。一旦瓦尔比选择开始开设零售店，网站上的数据能够帮助它选定开设商店的位置（所以商店将靠近瓦尔比客户群体密集的区域）以及应该在货架上摆放的款式。

瓦尔比·派克眼镜公司通过租赁规模而非自己从头搭建每个环节，开发出了自己的商业模式，而且它在很短的时间内便从陆逊梯卡手中抢得了一部分全球市场，去规模化动态的力量可见一斑。该公司能够通过亚马逊和微软云平台获取计算能力，通过亚洲的合约工厂进行生产，通过互联网和社交媒体与消费者取得联系，通过联合包裹和美国邮政服务等配送公司运输货物。今天瓦尔比在不足 800 名员工的情况下，成功地与行业巨头展开了竞争。在我撰写本书的时候，这家公司的价值已经远远超过 10 亿美元，并成为时尚眼镜市场中的固定一员。

瓦尔比也是改变消费者与品牌关系的趋势中的一部分。创建品牌是为了在消费者难以获得信息的时候，向他们传递关于产品的信息。但是我们当前所处的数据爆炸的网络时代正在消解大众市场品牌存在的含义。我们能够找到关于某种工具、衬衫或曲棍球棒的一切信息，而它们的制造商我们可能从未听说过。我们可以阅读评价，搜索公司，在社交网站上询问情况。随着我们能够获得更多关于小规模产品的信息，人们将能放心地购买独特的、未被发现的无名品牌，这使得瓦尔比这样的公司能够与陆逊梯卡公开竞争。

它的结果是社会发生了转变，一如作家伊塔马尔·西蒙森和伊曼纽尔·罗森在他们的著作《绝对价值：信息时代影响消费者下单的关键因素》[2] 中所描述的。我们曾经对大众喜爱的品牌趋之若鹜。但是我们现在正趋向于追求个人主义，我们开始想要其他人没有的东西。这使得大品牌容易受到大量新潮的小众品牌的冲击。希尔顿受到了爱彼迎独一无二民宿的影响。小啤酒厂抢占了百威的市场份额。蒂芙尼受到了易集（Etsy）上珠宝制作者的冲击。瓦尔比迅速地融入了这股趋势。不仅仅只有吉尔波亚开始怀疑为购买普拉达眼镜花费 700 美元是否值得，整个与互联网共同成长的一代人都在这样思考，这打开了消费者接受小众产品和服务的思路。

去规模化经济正在很大程度上重塑消费者的体验。你可以从瓦尔比上看出订购眼镜有多么不同。你在网上下单，在家试戴镜框，选择喜欢的款式，然后你的眼镜就会送到你家。你只花 100 美元就能拥有过去可能需要 700 美元才能买到的眼镜。传统广告与营销在这幅图景中慢慢消失了。你首先仍然需要查验视力，但这一环节的用户体验也在改变。供你选择（Opternativ）等初创公司正在致力于线上视力测试，从而为客户得出配镜数据。把它与瓦尔比结合在一起，整个购买眼镜的过程将完全绕开陆逊梯卡所打造的一切。陆逊梯卡利用规模化经济在它的时代赢得了成功，而瓦尔比正是利用了与之相反的去规模化经济在新的时代取得了成功。

在过去的100年里，消费品市场一直是全球最强大的经济驱动力。全球消费者花费了约43万亿美元购买各种商品和服务，占全球GDP的60%。[3] 在美国，11.5万亿美元的消费品市场构成了GDP的约71%。20世纪的规模经济令人惊讶地产生了大众市场的消费主义。在此之前，大众消费市场并不存在。

20世纪初引入的技术平台在创造和服务大众市场方面发挥了巨大的作用。国家广播和电视网络的诞生为公司提供了通过广告接触到每位消费者的方式，同样的广告投放到每座城市和城镇，尽可能广泛地吸引形形色色的人。汽车、卡车的出现以及高速公路系统的扩展意味着相同的大众市场产品可以分销到任何地方的商店，消费者能够驱车前往商店和购物中心，购买他们在广告的作用下认为自己需要的产品。大规模的电气化贯穿了这些发展过程：为广播和电视供电，保证商店不灭灯，帮助实现装配线自动化，并为真空吸尘器、动力钻、模型火车等突破性产品创造可能。

到了 20 世纪下半叶，在技术平台（交通运输、大众传媒、通信等）的影响下，超市、麦当劳和 7-11 便利店纷纷出现，之后，大众市场消费主义的缩影沃尔玛也出现了。大型全国性或全球性的大卖场需要用大型供应商的产品填充它们的采购清单，以满足大众的购买需求。权力转移到宝洁、安海斯布希、耐克、索尼和陆逊梯卡这样的公司手中，因为它们能够支付昂贵的广告费，建立大型工厂，并生产出能够吸引大众的产品。在小镇里迎合利基市场的小规模商店竞争不过沃尔玛连锁店，哪怕它的体验更好，因为沃尔玛商品的价格更低廉。

这些大众市场消费主义的动态变化都是互相影响的。例如，大型生产商能够在大卖场中占据更多货架空间，这就使得小众产品更难到达消费者的手中。规模经济主导了一切。零售商规模越大，其议价能力越强，其运营效率也越高。沃尔玛通过这种方式获得了极大优势。消费品制造商的规模越大，它在广告上的花费也就越多，同时也就越能从大规模生产和大规模分销中提升效率。在这一方面，宝洁比其他制造商做得都好。

但当你思考大众市场消费主义的时候你会发现，大众市场消费品公司使得我们每个人必须遵从最方便它们的习惯，而不是我们的体验。我们中很少有人愿意驱车数公里前往沃尔玛，找到停车位，穿过简陋的甬道试图找到我们想要的商品（它可能并不在那里），与并不了解我们偏好的工作人员打交道，在收银台前排队，将购物袋装到车里，再开回家。最重要的是，我们最后买回去的商品可能并不符合我们的个人口味。我们经常购买大众化的商品，比如百威啤酒、李维斯牛仔裤等，它们从设计上就是为了迎合尽可能多的大众。我们大多数人真正想要拥有的体验是，无论我们此刻身处何处，都能够轻易地选择我们切实需要的商品，并在几个小时内得到它。这便是去规模化的消费者体验。

亚马逊率先创造了这种全新的消费体验。杰夫·贝索斯创立亚马逊的初衷是打造"地球上最大的书店"。我们都习惯于实体书店，一家大型巴诺书店能够储放约 20 万本书，这是一个巨大的数字，但还只是市面所供书籍的一小部分。如果你想去书店找到某本特定的书，那么很可能你的希望会落空。贝索斯断言道，通过互联网，他能够在一家全球性商店销售任何一本出版的书籍，并把它寄送至任何顾客的地址。我们作为消费者将开始享受这种匹配我们需求的服务，而不用去适应卖家和生产者，接受他们向我们提供的一切。

当然，随着时间的推移，亚马逊的业务范围已经从书籍拓展到各类消费品，它还引入了能够利用大量来自购物者的数据进行精准营销的 AI。亚马逊现在使用机器人从货仓中查找商品并进行寄送，有时它的物流网络能够在数小时内将商品递送到消费者手中。如今，小众商品通过亚马逊平台能够更容易地被散布在全球各地的目标受众了解。遍布世界各地的沃尔玛超市销售约 400 万种不同的商品，而亚马逊销售的超过 3.56 亿种。亚马逊使我们能够通过手机或电脑把一切商品加进购物车。

亚马逊的成功令竞争对手纷至沓来。谷歌一直尝试成为网上购物与当日送达的平台。无缝达（Seamless）、户户送（Deliveroo）、寄送伙伴（Postmates）和优步都提供即时送餐服务，希望成为小企业和餐馆的短距离送餐平台。同时，移动网络、云技术和社交网络使得开展消费品业务、将小众商品卖向世界更为容易。所有这些平台为瓦尔比和 1 美元剃须俱乐部、诚实公司等新时代消费品公司创造了与大规模消费品巨头有效竞争的条件。陆逊梯卡和宝洁等公司代表的自己生产、上架、向大众做广告的规模经济变得脆弱起来。

到了 2015 年前后，消费品市场开始加快去规模化的步伐。消费者越来越希望获得去规模化的、个性化市场体验。你可以从零售业中看到这一趋势。根据商业房地产公司科仕达（Costar）的调查，2017 年，全美近 1/4 的购物中心（全美 1 300 家购物中心中的

310 家）都面临主力店随时可能倒闭的风险。[4] 2016 年，18 岁至 34 岁的购物者在亚马逊购买的服装数量超过任何一家零售商，亚马逊占所有在线服装销售额的近 17%，是第二名诺德斯特龙市场份额的两倍以上。[5] 宝洁公司发现自己旗下的每个品牌都在经历去规模化竞争对手的挑战，这些对手包括鲜鲜宠粮（Freshpet）、朱莉丽人（Julep Beauty）和 e 沙龙（eSalon）等，这些品牌都面向利基市场，生产某类产品并在线上发售。例如鲜鲜宠粮只销售“健康”的宠物食品，e 沙龙会要求你发送关于自己长相和期望发色的资料，之后再向你寄送定制的染发产品。

而这仅仅是互联网、移动网络、社交网络和云技术带来的变化。下一波 AI 驱动技术将更彻底地改变消费者的购物体验以及消费品产业。

随着聪明的新时代零售商和消费品制造商与客户展开了互动，他们现在得以收集数据帮助 AI 软件了解每位客户，并为它们量身定制消费体验。从本质上讲，AI 使得人性化服务的概念自动化了，因而关注每个人变得经济、可实现。谁不想选择针对自己的服务，而要选择沃尔玛的通用客户服务呢？这便是制胜之道。

菲克斯选衣（Stitch Fix）为即将到来的消费者体验提供了一个视角。这家公司在 2011 年由卡特里娜 · 莱克创立，它融合了 AI 技术与人力以向客户提供个性化的购物体验。作为菲克斯选衣的新客户，你首先需要填写样式信息，告诉菲克斯选衣你的尺寸、体型以及生活方式。（“您的职业是什么？”“您是一位爸爸 / 妈妈吗？”）之后公司会向你寄送由造型师根据你的个人资料挑选的衣物。你可以购买喜欢的衣服，并将其他的衣服寄回去，这种行为也能帮助 AI 更多地了解你的个人风格。每隔几周（你可以设定周期），菲克斯选衣将向你寄送一批新衣服，你可以再次选择购买还是寄回衣物。通过这种交易，软件将逐渐了解你的着装风格，随着时间的推移，造型师便能更准确地把握你的喜好。

亚马逊能够帮助你找到你想要的一切，而菲克斯选衣的模式更进一步。与之不同的是，菲克斯选衣试图了解你，向你寄送甚至你自己可能都并未察觉到自己想要的商品。AI 帮助预测消费者的期望。这种方法将普及至全部消费品市场，杂货、化妆品、家居装饰等行业都将受到影响。软件将预测你的需求，向你寄送特别适合你的商品。这种消费者体验对于大众市场产品而言将是毁灭性的。我们将让系统向我们寄送最适合我们的商品，无论这些商品是由宝洁这样的巨头还是萨斯喀彻温省大草原小镇上某个初创企业制造的。你订购的商品可能由无人机或小型电动运输车运送，这些商品能够快速地送到你手上，因而你无须自己驱车前往商店。

食品行业在过去的一个世纪里成了高度规模化的行业，当前正处于数据和 AI 驱动转型的边缘。为了养活更多人，民族品牌成立，产品摆满大卖场的货架，家族农场让位于企业化农场，大片土地交由房子大小的大型农场机器管理。有数据显示，这一趋势在 20 世纪五六十年代达到了高潮。[6] 从 1950 年到 1970 年，农场的数量减少了一半以上，这些农场要么被合并要么被出售以形成更大的农场。那 20 年里，美国农场的规模平均扩大了一倍。而农场的工作人员减少了一半，从 1950 年的超过 2 000 万下降至 1970 年的不足 1 000 万。农作物产量增加了，农民在同样规模的农田上以更低的成本生产出更多食品。这种趋势在那几十年里最为显著，之后这种情形仍持续了 40 年。

现在技术开始推动农场的去规模化，并使得食品生产更接近消费者。让我举个例子，鲍厄里农场位于新泽西州的一家仓库里，距纽约市仅 15 分钟的路程。它使用发光二极管模拟自然日照。作物生长在富含营养的水床上，水床托盘一层一层地从地面堆至天花板。该农场估计，它的每平方英尺产量能比工业化农场高 100 倍。物联网传感设备持续监控植物和环境，将数据发送回 AI 驱动的软件，该软件能够了解植物的最佳状态，并调整照明、水和肥料以提高产量。大多数“耕作”都是由机器人完成的，比如搬移作物或者进行灌溉。在世界各地，越来越多的城市农场正在涌现，它们可能是在建筑物的内部、屋顶上，也可能零星地分布在土地上。

一家名为莴苣网络的初创公司正在利用云和移动网络技术来连接城市农场。创始人尤盖希·沙玛甚至将之称为农业界的爱彼迎。该公司在与城市里小块土地的所有者签订合同后将可以监控作物和环境的传感器安装至这些土地上。附近的居民可以通过莴苣网络来获取食物。因此，该公司的系统知道整个城市正在种植些什么，并由此装配本地食品以供运送。土地所有者能够从收成中赚取部分报酬，而用户能够获得附近种植的各种新鲜食物，这些食物比数千英里外的农场用冷藏卡车运送来的要新鲜得多。如果这样的食品网络能够运转，那么每座城市都能实现自给自足。

这再一次引领了顺应消费者的购物体验而不是相反的状态。几十年来，我们受到的训练都是在超市里购买食品，这一过程包括驱车前往某地，在货架之间走来走去，选择不错却不完全符合我们的期望（尤其是口感不佳的工业种植西红柿和浆果）的大众商品，再把东西装上车然后开回家去。在去规模化的时代，莴苣网络等公司了解你的口味，了解本地可食用的产品，并能够趁着新鲜把它送到你的手中。上了年纪的人都还记得送奶工每隔几天就来到你家门前送奶的场景，未来看起来更像是过去而非当前。

实际上，如果把消费品、零售、食品、制造和品牌价值的发展放在一起来看，你会发现 20 世纪 20 年代的消费者体验图景将与过去 50 年的消费体验截然不同。我们现在外出购买的绝大部分商品都将直接来到我们面前。菲克斯选衣、莴苣网络以及其他能够了解客户个性化需求的公司将大行其道，客户将在自己期望的时候得到合适的产品。购买杂物或主食的枯燥购物经历将不再必要。我们前往实体店主要是为了娱乐、教育，或是去看看能够推动我们常规购物的新风格或新产品。我们通常能够找到为我们量身定制的产品，再也不会满足于大众市场品牌。我们会以身着独特的非品牌衣物而骄傲，而不是去购买设计师品牌或者高定款式。

这一变化将对塑造了 20 世纪消费者体验的行业产生巨大的影响。在我们正在步入的时代中，品牌正在贬值，广告对于消费者购买行为的影响将减小，这将对宝洁、可口可乐、苹果、耐克、百威英博和路易·威登等大公司产生重大影响。品牌的衰落将对大众市场传媒行业，尤其是电视业产生毁灭性的影响。大型零售商店，无论是沃尔玛还是西夫韦、百思买，都会发现由于更多商品转至线上、转向 AI 驱动订阅服务，它们的销售量不断下降。

简而言之，在过去的一个世纪里基于规模的消费者体验将受到冲击，并开始转向去规模化。大体量的优势正在减弱。在这个新时代，以消费者为中心的专项公司在大部分时候都将胜过大规模的大众市场公司。

所有这一切都将对房地产、土地的使用和城市产生巨大的影响。房地产公司格林大街（Green Street）预测，至少将有 15% 的购物中心在未来的 10 年里关闭。2017 年，美国拥有 3 522 个沃尔玛超级购物中心，每一个的面积都超过 260 000 平方英尺。随着越来越多的消费者选择网上购物，沃尔玛这样的公司将会倒闭。想想所有释放出来的土地，以及这些空间带来的机遇。我们已经看到装有百叶窗的商城正变成公寓、健康诊所、曲棍球场和巨型室内温室。同时，随着去规模化的发展，人员和物品的流动模式也将发生变化。我们将减少出行，所以在可见的未来里，路上拥堵的汽车以及停车场里满满当当的汽车都会减少，这将为我们释放更多用地。更多物品将送至我们手中，所以城市规划者需要适应送货卡车、送货机器人和送货无人机涌上街头的新局面。

消费品市场中的巨大机遇将围绕为每个人精确地提供他要想的东西而展开。这反映了去规模化不变的主题：规模庞大的大众市场产品一直以来都让我们顺应它们，但是去规模化的产品和服务却主动顺应我们。它们看起来就像是专门为我们每个人打造的。在接下来的 10 年中，我们将看到创新者将一种又一种产品从大众市场产品转化为个性化市场产品。

以下是我所观察到的一些机遇：

分化巨头：从宝洁到雀巢再到三星的消费品公司都建立在大众市场上。热门产品能够吸引最大规模的人群。但大众市场产品对于大部分消费者而言都是妥协的产物，并不完全是他们想要的，它们只是还不错且容易获取。这就为小型创新公司留下了空间：它们能够利用技术制造出对部分消费者极具吸引力的产品，消费者会认为这种产品是专门为他们打造的。

我们见到诚实公司、瓦尔比·派克眼镜公司、1 美元剃须俱乐部、蓝围裙公司（Blue Apron）以及越来越多的其他公司正在践行这些理念。诚实公司是由女演员杰茜卡·阿尔芭在生下第一个孩子后创立的，当时她发现难以找到天然的婴儿用品。她找到商业伙伴布赖恩·李、肖恩·凯恩、克里斯托弗·加维根和玛利亚·伊维特后，便成立了这家生产更环保的一次性尿布的公司，并与帮宝适等大众市场品牌展开了竞争。它现在还销售一系列天然家庭用品和美容产品；瓦尔比·派克专注于一部分陆逊梯卡的客户群；1 美元俱乐部通过订阅服务销售刀片，它已抢占了一部分吉列的市场份额；蓝围裙将待烹饪食材配送至家中，冲击了冷冻食品的市场。几乎任何一种大众商品在去规模化策略面前都变得脆弱，我们将会一再看到这一幕。这些新公司将有机会将那些面向小众市场的商品打造为新的大众商品，正如我们见证的诚实公司的轨迹一样。这些新公司可能越来越大，但它们将始终高度聚焦于特定客户群体。

全方位零售：纵观文明史，不难发现人类被市场所吸引。我们热爱购物。对于许多人来说，购物和搜索产品都是社会化的、娱乐的体验。因此，无论多少商业移至线上，零售店都不会消失。但是零售业肯定会发生变化。成功的零售店将成为线上线下购物体验的一部分。

瓦尔比·派克实体店能让顾客在时尚的氛围里试戴数百种镜框，但大部分人都会选择回家上网购买看中的款式。当亚马逊开始开设实体书店时它震惊了图书界，因为这种模式正是它在过去的几十年里所对抗的。为什么要这样做呢？事实证明，人们喜欢流连于书架之间，并思考他们之后要在网上买些什么书。只要亚马逊将它的实体店看作催生亚马逊网站购物需求的方式，那么它们能不能赢利都不重要了。

成功的零售商将使用AI了解客户，然后在城市或城镇里为适宜的客户群提供个性化的店内体验。服装店可能会邀请具有特定风格倾向的顾客与擅长那类装扮的造型师进行专门交流，之后再开展符合这些客户品味的线上购物业务。实体店与网店合作推动业务发展，让这些客户感受到独一无二的购物体验。他们掌握的每位客户的数据越多，店内体验就越能让每个人感觉到享受到了针对个人的服务。

本地农业：大规模农业为世界提供了食物，但它也导致供我们得到的“新鲜”番茄尝起来跟塑料似的。各种技术，从 AI 控制的植物生长照射灯到能够不断测试土壤养分的物联网传感器，正使在客户居所附近种植作物变得可行，这种农业就相当于分布式的制造业。在城市中，这些室内农场可能位于旧的购物中心、工厂、仓库或者停车场里。以农贸市场为例，大家都知道如果在它们附近种植作物就不需要忍受运输造成的不便。在冬季，室内种植的本地番茄尝起来会像正常番茄一样。这才是消费者更喜欢的。

许多新公司正在步入这一领域。货仓农场正在集装箱里种植食物。总部位于纽约的光明农场表示，它“资助、设计、建造并运营”了位置靠近食品零售商的温室，并为此筹集了 1 100 万美元资金。伊甸园工坊正在建造屋顶温室以种植青菜、蘑菇和草药，这个迷你农场里也养殖了罗非鱼和虾，它们的粪便会被用作农作物的肥料。在明尼阿波利斯市，惠普公司前高管戴夫·罗瑟尔经营着多家用旧仓库改造而成的室内农场。我们期待看到更多像这样的初创公司，未来 10 年，本地生产的新鲜食品将逐步抢走企业化农场的市场份额。

机器人交付：这一行业发展所需的时间可能更久，但从现在起的几十年后，像联合包裹服务公司的快递员这类人很可能被某种自动化运输工具所取代。很难说什么类型的工具效果最好。亚马逊正在研究无人运输机，这吸引了大量关注，以后对时效要求较高的小型物品或食品很有可能会通过自动驾驶的无人机送到你手上。一旦自动驾驶汽车能够在驾驶座上没有司机的情况下运行得足够好，某些机器人快递车就很可能会慢慢地在你的私人车道停下，然后给你发送短信，告诉你出来取包裹。星舰科技是由两位 Skype 创始人经营的一家爱沙尼亚公司，它已经建造出一个婴儿车大小的六轮机器人，其能够在人行道上行驶，为街上的餐馆递送比萨或奶酪牛排。提供交付服务的寄送伙伴公司正在华盛顿和旧金山测试这种机器人。当我撰写本书的时候，威斯康星州的立法者正在讨论一项机器人交付法，它会限制机器人在人行道和斑马线上运行，载重不超过 8 磅，时速不超过每小时 10 英里。

虽然机器人交付在现在看来可能还很奇怪，但在这个去规模化的时代，它将变得正常，并将成为从大众市场向个体市场转型的重要部分。你不再需要前往沃尔玛超市购买其他人也有的东西，机器人将在附近的分散式工厂里把专门为你制造的产品挑选出来，送到你的手中。

UNSCALED
UNSCALED
UNSCALED
UNSCALED
UNSCALED
UNSCALED
UNSCALED
UNSCALED
UNSCALED
UNSCALED
UNSCALED
UNSCALED
UNSCALED
UNSCALED
UNSCALED
UNSCALED
UNSCALED

三

/

去规模化创造的商业和社会

9

人工智能、垄断平台和算法问责制

克里斯·休斯非常了解技术在美国国内造成的不平等。他在北卡罗来纳州希科里小镇的一个工薪阶层家庭长大。他的父亲是一名纸业推销员，母亲是一名教师。2002 年，休斯进入了哈佛大学，与马克·扎克伯格和达斯汀·莫斯科维茨分到一个宿舍。他们三人，外加爱德华多·萨维林于次年创立了脸书。2016 年，《福布斯》称休斯的净资产达到了 4.3 亿美元。

休斯和我是朋友，据我观察，他从未忘记当初他们创业的大成功。2007 年，他离开了脸书，去参与时任美国参议员巴拉克·奥巴马的总统竞选活动，并试图（尽管最终失败了，且败得很彻底）重振《新共和国周刊》。到了 2010 年前后，休斯开始专注于他认为即将到来的危机：由 AI 和机器人技术驱动的自动化，以及其他的社会变化，将很快导致大量人口无法赚到足够的钱、过上有尊严的生活。他是经济安全计划的推动者，该项目募集了1 000万美元资助一个为期两年的关于全民基本收入的研究。（我参与了这个项目，并在经济上对它加以支持。）这一项目想要探明，定期给公民发放补贴是不是一个好主意，这样哪怕他们因为AI而失业，也可以过上体面的生活。

如果我们将AI和去规模化带来的变化加在一起，那么社会和商业会迎来怎样的变化？这会是天堂，还是某种程度的地狱？休斯和许多科技人士以及政府官员都在考虑如何避免后一种情况，我也一样。

AI技术和去规模化经济的推动力是不可避免的。我们不会阻止AI（基因组学、3D打印、机器人技术、无人机、物联网和我所描述的一切都已经存在了）的产生。反过来这些技术将持续导致动态变化，破坏20世纪的规模经济，并利用新世纪的去规模化经济去取代它。这个过程已经持续了10年，并将在未来的10到20年里充满活力。像条码支付公司这样的电子商务平台上的自动化会计和银行业务，将使数百万金融专业人士和合同律师不再重要。基于3D打印的新制造业，使得大型公司转变为规模更小、自动化的按需生产工厂。这些趋势不容忽视。政策制定者需要努力帮助人们适应转型。我们的领导人需要展望未来，并就我们希望当前的技术带来怎样的结果提出关键问题。如果在一个世纪以前，我们能够预见到内燃机汽车对环境、能源、空气、城市和战争的影响，立法者们还会审议通过各种规定或激励措施吗？当然不会。

技术没有善恶之说，是我们利用它来做的事情决定了它将如何影响社会和地球。全球技术行业需要去迎接负责任的创新。我们长期以来一直专注于“破坏”，而我们不应当忘记，道德的破坏会导致社会陷入混乱。有迹象显示科技行业已经出现了苗头。美国国际商用机器公司、微软、谷歌、亚马逊和脸书共同组建了一个名为“人工智能联盟”的组织，它承诺体现道德责任感。该组织的联合主席以及谷歌深度思维公司的联合创始人穆斯塔法·苏莱曼在该组织成立时说道：“我们认识到，我们必须以深思熟虑、积极向上、合乎道德的方式推动这一领域的发展。”[1]这些公司有望遵守这一点，同时，这一行业的其他公司也能迎接挑战。但同样重要的是，政策制定者们也要做同样的事情。我已经等不及了。我们已经步入去规模化革命10年了，未来的20年我们将承受巨大的变化。是时候确保这场革命能有一个好的结果了。

当我撰写本书的时候，我感兴趣的两个领域是自动化（无人驾驶汽车和机器人技术等）和健康长寿（如何延长我们的寿命）。将自动驾驶技术应用在卡车驾驶上似乎蕴含着极大的赢利空间，而长寿似乎是另一个价值数十亿美元的想法。我们的公司通用催化风投，投资了一家名为健康天堂的公司，该公司生产的药丸能够通过帮助你修复基因，让你过上更长寿、更健康的生活。我看到许多公司都致力于这两种想法。如果将自动化和延长寿命的发展放在一起，就会产生一个令人生畏的问题：如果这两者都实现了会怎样？许多人会在获得更长寿命的情况下拥有更少的工作量。这不仅仅是卡车司机和工厂工人的潜在问题；许多专业工作也可能会被自动化所取代。2014 年，高盛投资并安装了名为肯硕（Kensho，通用催化风投也是它的投资者）的 AI 驱动交易平台。2000 年时高盛在纽约的现金股票交易柜台曾拥有 600 名交易员；但到了 2016 年，该业务部门只剩下 2 名股票交易员，其他的工作都由机器来完成。[2] 这还是 AI 在高盛全面发挥作用之前的状况。肯硕的首席执行官丹尼尔·纳德勒在接受《纽约时报》采访时表示："10 年内，高盛的员工将比今天少得多。"[3]

工作、财富和权力的巨大转变与技术革命密切相关。这种情况在 20 世纪初发生过，当时工作、财富、权力转移至汽车、电器等全新的行业。今天的技术浪潮正在将工作、财富和权力转移到医疗保健、无人驾驶和清洁能源等新型 AI 驱动公司。

如此大规模的革命冲击了人们的生活和事业，将一些人淘汰出局。在 2016 年唐纳德·特朗普总统大选期间以及英国投票脱离欧盟期间，民众中弥漫着一种迷失感和挫败感。

从历史上来看，新种类的自动化所创造出的工作岗位总是比它们摧毁的要更多、更好。20 世纪就是个了不起的自动化时代，从装配线到计算机，它引领了一切，也摧毁了无数过时的工作种类。同时，从 1960 年到 2000 年，它创造了一种职业——计算机专家。根据美国劳工统计局的数据，1960 年，全美计算机专家大约有 1.2 万人；而到了 2000 年，大约有 250 万人。[4] 会计师和审计师的人数从 1910 年的 3.9 万人飙升至 2000 年的 180 万人。1910 年，美国大学官员和教职工总数为 2.6 万人，而到了 2000 年，这一数字增长了 43 倍，达到了 110 多万人。

AI 驱动的自动化能否也这样创造或消灭就业机会，我们仍不得而知。大部分人面临有限的工作机会怎么办？这就是休斯和 Y 孵化的萨姆 · 阿尔特曼等人开展普遍基本收入研究项目的原因。我们需要弄清楚每个月给每个人一笔钱是否有意义，以及如何实现这一点。根据经济安全计划的调查，芬兰、荷兰、瑞士、英国、加拿大和荷兰都已经大体研究过基本收入。一个小小的先例是阿拉斯加州，该州从石油收入中向每位居民发放每月约 2 000 美元的补贴。

但是要探索基本收入也存在困难。如何募集资助金呢？基本收入计划的支持者预估，需要额外征收 17% ～ 36% 的收入税；而反对者认为，增加的税额会达到 60%。这些税率是否会扼杀经济活力？如果政府明确向公众发放津贴，政府的行政负担是否会过重？这些正是我们在经济安全计划中提出的问题，它们也是立法者们需要立刻辩论的问题。

基于基本收入的讨论并不能解释几个世纪以来工作的结构和目的。我成长过程中餐桌上的谈话经常涉及的一个问题是：“你长大以后想要做什么？”大多数人都希望在一生中做些什么，他们想要感觉到自己的重要性，并以某种方式做出贡献，无论是在工作、艺术、家庭还是信仰方面。这里需要做出更多的思考。我们的思索方向应当是如何释放人类的潜能而不是取代它，例如，大部分 AI 科学家认为，这项技术可以成为我们的伙伴，AI 就像一位出色的助手，可以帮助我们更好地工作。这才应当是 AI 的目标，而不仅是实现工作的自动化。而对于那些已经实现了工作自动化的领域，围绕基本收入的讨论便是一个解决自动化对就业和生活影响的良好开端。倘若我们为相当一大部分人创造了后工作时代的世界，那么总体来说，我们需要开始认真地探索满足感和幸福感的问题。

除了对工作的担忧之外，另外还有两个与 AI 和去规模化相关的问题困扰着我。一个涉及垄断平台，另一个涉及算法问责制。

垄断平台

垄断会成为一种隐患，这可能看起来十分奇怪，鉴于你已经快读完了整本书，了解到规模不再等于权力。但是在这个规模等式中有一个无法预料的因素，它取决于 AI 的学习程度。正如我所说的，去规模化是可能的，因为初创公司能够租赁规模，并在维持小规模和专注性的同时有效地解决全球市场问题。但是。那些去规模化的公司需要从平台公司租赁规模也是事实，而有些平台将会变得十分庞大。在平台方面，赢家通常将会占据大部分市场份额，使得竞争对手远远落后。今天的一个例子是亚马逊网络服务这个主导性的云计算平台。它是去规模化的关键，为数千家初创公司提供运营支持，使它们能够与大企业进行竞争，而这一过程也使它能够实现规模化。微软、谷歌、美国国际商用机器公司和其他公司的竞争性云平台正在努力追赶它的脚步，为什么呢？因为随着使用亚马逊云服务的公司越来越多，亚马逊就能收集到更多公司如何使用云计算的数据，帮助亚马逊 AI 学习如何更好地服务客户，这反过来扩大了亚马逊云服务和其他数据较少的竞争者之间的差距。这种动态变化在 AI 时代一而再地发挥作用。领先的平台将比其他竞争者的平台拥有更多数据，从而使得它们的 AI 比其他竞争者的 AI 拥有更强的学习能力。这会为领先的平台带来更多优势，导致领先的平台赢得更多业务、收集到更多数据，并拉开与对手的差距，这种循环可能导致领先的平台成为近乎垄断的存在。

随着平台实力的增强，它们倾向于扩大规模，集成服务使得平台对用户更具吸引力，并屏蔽潜在的竞争对手。谷歌就是一个非常显著的例子。谷歌搜索平台的任务是尽可能多地吸收数据，并将其运用到地图、邮件、文档等业务上。用户喜欢将所有的这些服务集成一体使用，谷歌平台推动去规模化的方式是为企业用户提供租赁或免费获取许多功能的便捷方式，而这些功能企业用户们在过去必须自行购买或构建。谷歌［或其母公司，字母表公司（Alphabet）］能够吸引的公司越多，它在搜索领域的垄断力就越强。

最终会出现控制关键平台的垄断企业，数量众多的小公司依赖于这些平台，倘若不能受益于这些平台，小规模公司便无法生存。那么如果垄断企业开始抬价怎么办？或利用它的地位清除挑战者、压制创新怎么办？这些事情都是垄断企业时常做的。其中一些平台垄断公司已经是当今世界上最强大的公司之一。在撰写本书的时候，5 家最具价值的美国公司都在某种程度上搭建了推动去规模化的数字平台，它们分别是苹果、字母表公司、亚马逊、脸书和微软。

21 世纪的垄断企业看起来并不像过去的垄断企业，这些企业正在成为去规模化经济的“高速公路”和“发电厂”。它们的影响力遍布全球，任何一个国家都难以对它们进行管理，它们异常强大，难以对抗，因为它们的 AI 对于使用这些平台的企业而言太重要了，这些 AI 因为大规模的使用而变得非常聪明。削弱这些公司就会使得它们的 AI 没那么好用，而最终承受这种后果的将是使用这些平台的企业。

区块链技术可能会为我们提供一种替代这些平台的方案。相比于属于公司，平台也可以不属于任何人，就像开源软件或者维基百科一样。根据软件的内置规则，区块链技术可以在遍布全球的成千上万或成百万上千万独立计算机上运行。没有垄断公司能够控制它。比特币是一种没有中央银行对之进行控制的区块链货币。因此，建立在区块链上的服务或应用程序不受任何公司的管控。一家名为区块堆（Blockstack）的公司正在开发一个区块链应用程序平台，旨在使开发者们能够更轻松地构建基于区块链的应用程序，并将它们提供给公众，该平台类似于区块链中的苹果应用商店，但它将由社区负责管理而非公司。如果一些这样的开放平台迎头赶上，它们可能会与被垄断的商业平台展开竞争，就像 20 世纪 90 年代后期，开放源操作系统 Linux 打进了微软近乎垄断的市场一样。因此，区块链可能在为我们提供平台的便捷之处的同时而又不会催生过多干预性的强大技术公司。

我们的政策制定者需要了解并辨明关于垄断平台的问题。经济需要这些平台实现去规模化，而这些平台必须能够创造自由市场，并使得风险得以被监管。

算法问责制

2016 年美国总统竞选活动提高了人们对另一种新威胁的认识，这种威胁是去规模化科技可能会导致的，即 AI 算法的行为弊端。我们在脸书上看到的“假新闻”就是一种体现。网站的 AI 旨在为用户提供最能够刺激他们与网站继续互动的内容，这反过来给予脸书更多发布广告的机会，并以此赚钱。煽动性的不实新闻有助于人们形成观念偏见，这种新闻吸引着我们，脸书的 AI 了解这一点，因而会提供更多同类内容。算法并不知道新闻的真假性，只知道哪些内容能够满足脸书的需要。虽然没有人能够确定这些假新闻是否影响了选举结果，但它确实揭示了算法的强大影响力。当我们进入了一个 AI 能为我们做出各种决定的时代，这种影响力无疑是非常危险的。

使用 AI 算法，公司能够优化每个变量。优步会在高峰时段高效地将网约车司机派往高人流量区域，亚马逊能够在最佳时间为用户推荐合适的产品，促使交易实现。尽管如此，算法并没有聚焦于做出正确的行为或在透明公开的基础上进行优化。管理公司内部运营的算法非常有利于最便捷、最高效、最有用的实践。即使这意味着将少数群体排除在外，令他们无法获得服务，算法也并不关心。它只关心人们对之编程、令它关心的事务。

对“黑箱子”算法控制我们生活的担忧正在扩散。纽约大学信息法研究所主办了一次关于算法问责制的会议，耶鲁大学法学院的信息社会项目也在研究这个问题。该组织总结道：“算法建模可能存在偏见或有所局限，算法的使用在许多关键领域仍不透明。”[5]

这种状况需要改变，各类公司必须率先在它们的行业中创建算法问责制。算法问责制的建立不应该依赖政府。由立法者和官员所编写的保守法规过于落后，难以跟上技术的发展，政府主导的监管会给科技公司制造负担，拖累创新的脚步。[6]为了避免这一局面，世界上像谷歌、亚马逊、脸书这样的公司的应用程序必须主动在其系统里建立算法问责制，忠实、透明地充当自己的监督者。实际上，我们需要全新类型的标准化强制执行实体，现行实体还是为了对20世纪初发明大爆炸后涌现的新技术进行监管而建立的。伴随复杂的电气化发明进入市场，在1918年，5个工程学会和3家政府机构联合成立了美国工程标准委员会，该委员会最终演变为今天的美国国家标准协会。该组织的作用始终是确保透明度（确保用户知道他们在使用些什么）以及安全性，通过这样做可以使得立法者无须施加政府监督。

以类似的方式，今天的 AI 公司可以创建自己的行业标准和透明度要求。监控公司算法的监视程序能够像开源软件一样运行，经受任何人的检查。通过这种方式，程序员能够看到，当公司自行掌控专有算法和数据的时候，监控算法是否在监视正确的事物。技术公司和政策制定者需要联合起来，共享思路。很明显，如果各类公司遵循当前几乎没有算法问责的发展路径，那么政府将会制定法规，监管社交网络、搜索以及其他关键服务。

在 AI 和去规模化的时代，每个行业都将经历彻底的变化，这些变化将为政策制定者们带来重大问题。虽然无法详尽举出我们需要作为社会整体而思考的一切，但我列出了以下这一些我眼中极为重要的事项。

医疗保健和基因组学

医疗行业将出现一些特别困难的问题，尤其是围绕基因组学的问题。CRISPR 基因编辑技术等发明允许我们编辑基因，并最终改变人类。我们将接近于控制自己进化的状态。我可以预见初创公司最终将提供基因编辑服务，帮助客户强化自己的身体和大脑。如果这成为现实，我们就有可能面临生物鸿沟，这比旧的数字化带来的鸿沟更具破坏性。有钱人将有机会使自己比穷人更好、更健康、更聪明，从而制造富人和穷人之间差距，这种差距不仅关乎财富和机会，还涉及智商和身体素质。社会障碍使得人们难以改善生活状态、突破经济阶层已经足够糟了；如果一个阶层的人被剥夺了与那些具有经济优势的人进行竞争的身体素质和智商，那将产生全新的问题。我们最终将形成阶层固定、无法流动的社会，政府必须在这成为现实之前考虑这一点。

基因组学初创公司已经走在了法律的前头。消费者基因检测公司 23 与我就遭遇了这样的麻烦。在其早期阶段（该公司成立于 2006 年），23 与我公司向消费者提供一种能够预测个人发展至某种情况的倾向的服务，涉及范围从是否会秃顶到患阿尔兹海默病。在 2013 年，美国食品和药物管理局勒令停止这一行为，该公司对测试结果的解释会误导消费者对自身健康前景的判断并导致伤害。23 与我公司继续提供基因测试服务，但停止了预测性的解释。美国食品和药物管理局希望有时间来研究基因检测产品。2017 年 4 月，美国食品和药物管理局最终批准了 23 与我对 10 种高危疾病的预测，包括阿尔兹海默病、帕金森症和腹腔疾病等。[7]

23 与我的例子只是即将到来的政策辩论的早期迹象。美国国家人类基因组研究所呼吁对一系列问题进行研究和辩论。雇主能够要求你提供基因数据，并将它作为招聘的基础吗？保险公司能够用它决定对你的收费标准吗？如果你做了基因测试，这些数据会流向何处呢？测试公司还是你？要真正实现医疗保健，创建预测医学，你的遗传信息将需要与医生、医院或你正在使用的应用程序共享，而由于遗传信息非常敏感，你可能希望能够严格控制它们，只将它们对你所选择的对象开放。我们应当如何做？研究所写道："我们无法仅靠基因研究将这一新知识运用到改善人类健康上，我们需要谨慎地考虑由这项研究引发的诸多伦理、法律和社会问题。"[8]

23 与我的案例揭示出，美国食品和药物管理局可能需要在医学发生彻底变革的时代改变其使命，其审批流程太慢，平均需要花费 10 年时间进行研究，才能批准将新药推向市场。美国食品和药物管理局的流程旨在确保安全性和有效性：药物是否会造成意外伤害？是否能实现预期目的？医疗技术领域越来越多的声音是，该机构应该主要规范安全性，将有效性留给市场和数据分析解决。换句话来说，该机构应当确保药物或测试过程不会造成不可逆伤害。既然我们正在收集大量关于患者的数据，我们将能够快速地了解药物、测试和程序发挥作用的程度，这比一系列小型研究来得更快。

最重要的是，在这个社交媒体泛滥的时代，有关药物不能产生效用的抱怨很快就会散播开。这种思维反映在管理局的“自由选择药物倡议”改革中，乔治·梅森大学的莫卡特斯中心和联邦主义者协会都对它进行过讨论。这一倡议基本上表明，管理局仍应继续启动它的审批程序，但也有另一条轨迹——允许医生和患者选择那些已经被证明其安全性，但尚未被证明其有效性的药物。[9]

医疗保健领域另一个即将出现的问题是访问我们的个人健康数据。在过去的10年里，医学记录长期以来一直以纸质的形式存在，上面都是医生们难以辨认的笔记，如今它们已经数字化了，并被导入软件里。这些数据被储存在私密的系统中，无法轻易访问。最大的电子健康档案公司宏大系统公司（Epic Systems）的电子健康档案软件拥有美国54%患者的记录，尽管它的使用缺陷导致其口碑不佳。《贝克尔医院评论》的一份报告称，近30%的宏大用户不打算将它推荐给同行。[10]宏大和其他竞争对手的系统都是封闭的，这使得医生和医院难以共享数据。更重要的是，消费者几乎无法控制这些数据，我们无法轻易掌握这些数据，也无法使它们与其他总体上能够帮助我们保持健康的数据联系在一起。所有这一切都阻碍了医疗保健行业的去规模化，使得初创公司无法使用这些数据提供创新医疗服务。我认为这些公司应当被强制给予患者更多掌握自己数据的权利，同时应当允许这些积累的（以及匿名的）数据被应用于医疗健康和药物的研究和学习。

伴随医疗行业的去规模化，关于《平价医疗法案》（也被称作"奥巴马医改"）的党派争论很快就会显得愚蠢。初创公司以及潮水般的数据和自动化有望在提升效率的同时降低医疗成本。如果出现这种趋势，5 年或 10 年内，国会不再需要与医疗补助计划和保险的巨大成本斗争了。本书前面提到的利沃戈的案例中，其 AI 驱动技术旨在帮助糖尿病患者保持健康，减少前往急诊室的次数。我从该领域观察到的情况显示，科技能够轻松地从美国每年治疗糖尿病患者上的花费中省出约 1 000 亿美元。想象一下，许多其他的慢性病也存在巨大的节省空间。国会需要开始考虑，如果使用应用程序和互联网设备接受医疗保健服务变得普遍，且成本不断降低，那么全民医保将会是什么图景？

能源

AI 正使得世界不可避免地由燃煤转向太阳能以及其他可再生、去规模化能源。在特朗普总统任职的前几个月里，他推动了试图挽救与燃煤业相关的行业，并阻碍汽车制造商开发电动汽车的政策，他还任命了一位认为气候变化并不属实的能源部部长。所有这些都可能会鼓动美国公司停止投资新一代能源。与此同时，中国政府推出了政策，将数十亿美元资金注入太阳能、电池、智能电网和电动汽车公司领域。今天做出的决策将对未来 20 年的去规模化进程产生巨大的作用。当前的美国政策似乎是落后的方案，而中国的政策正在利用 AI 世纪的力量。

政府需要认识到能源在如何变化，并帮助创新者造福社会和企业。例如，从燃油汽车到电动汽车的过渡就是一个巨大的变化。我们该如何改造几十万个加油站呢？我们该如何建立满足所有新需求的电网呢？我们的政策辩论需要从终极问题（电动汽车开始影响汽油车）开始。

同样，我们知道最终太阳能和可再生能源将取代碳基能源，那么我们该如何引导这种变化呢？我们知道电力行业将会缩小规模，许多希望将电力卖回电网的小型供应商将涌现，那么我们如何开发一个开放的双向电网呢？我们如何帮助公共事业公司变成公共平台，从而支持成百上千万小型电力生产者呢？

正如我们近几十年来所看到的，能源公司，尤其是石油公司，已经根深蒂固、实力雄厚，它们在政治领域投入了大量资金，努力通过游说阻止碳转型来保护其商业利益。我们需要帮助每个人意识到摆脱燃煤并不是负面的，它实际上是世界上最大的经济机遇和庞大的就业制造引擎。想象一下，更换所有旧式加油站，在每家每户安装太阳能板和电池，利用联网的双向电网重建旧式电力公司基础设施，将带来多少工作岗位？这些工作并不能外包给其他国家，它们必须在当地完成。迎接这一转变意味着，人类能在 AI 自动完成其他工作时，有事可做。

金融

银行业的相关法律和法规产生于金融巨头大行其道的时代。但随着金融业的去规模化，政策需要转变基调。大银行不再是挑战，政策需要解决大量初创公司涌现的问题，这些公司基于软件提供的金融服务可能只存在于它们的应用程序之中。

如前所述，像数字公司这样的公司正在发展为依托大银行平台的金融服务供应商。政策需要为这种转变制定规则，允许银行自行转变为去规模化新公司的平台。在这种情形下如何保护消费者呢？联邦存款保险公司的存款保险是否能够拓展到应用程序上？大银行平台是否应该处理所有银行业务的合规性和法律问题，这样创业公司就无须再处理这些问题了；或者说，如果创业公司像银行一样运行，是否应该像银行那样受到监管呢？

AI 和去规模化引导我们就联邦储蓄系统进行讨论。联邦应当能够依赖 AI 分析数据（这些数据来自失业办公室、股票市场、沃尔玛等零售商店以及联邦快递等物流公司），而不是收集并分析老数据，然后每年召开 8 次会议，以决定联邦基金的利率是否需要调整。当 AI 学习经济的时候，它可以不断提出略领先于现状的方式。相比于根据过去的数据每隔几个月调整一次利率，美联储可以根据即将发生的事件持续调整利率，这种利率不是按季度百分点调整的，而可以精确到万分之一的细微增减量。换句话来说，建立基于 AI 的金融政策是可行的。我们想要这种局面吗？它将如何运作呢？这些问题也是政策制定者们今天需要思索的，这样他们便能够塑造我们的明天。

教育

通过正确的政策，去规模化可以帮助我们创造更好的基础教育，以贴合我们的时代，并解决大学费用问题。对于很多职业来说，传统的大学 4 年制教育甚至都不再是必需的。

几十年来，打造更好的基础教育一直是我们的目标。我们尝试特色学校和教育券、团队教学和通用核心课程标准（Common Core）。这些都是自上而下的规模化的方式。相反，政策制定者应当设法让教师改进他们的课堂，这样每个课堂都会成为聚焦的小规模单位，围绕这节课上特定学生的需求来进行打造。帮助教师采用新技术，使得他们能够将课堂与家长和其他学生联系起来，再将全世界任何地方的课程整合到一起。使得教师依靠 AI 驱动课程（就像可汗学院开设的课程一样）帮助以自己进度学习的学生，这样老师就可以成为教练而不是一味执行国家标准教纲的人。

大学的花销令人难以承受，给新毕业生们背负大量债务。在线大学课程提供了另一种途径，这些课程的来源包括可汗学院等后成立的公司，以及像麻省理工学院或者斯坦福大学等已成立的学校。但这需要新的方法来对大学进行认证。你想用在线课程取代在校读 4 年大学的唯一方式是获得在线认证学位。雇主可以通过减少对拥有学位证的未来雇员的关注，转而接受线上积累的学习成果，它们可能与学位教育一样好，甚至更好。以这样的方式，雇主便能够自主推动围绕证书的变革。我们能够看到，一些像谷歌这样具有前瞻性思维的公司，在招聘时并不那么重视正规教育。如果这种情况变得更加普遍，便会有更多人考虑其他的学习方式。

底线在于，教育系统需要与经济系统相匹配。在 20 世纪，我们建立了大规模的学校，以匹配那个时代大规模工厂和企业的需要。这样的教育系统大量培养出适合这种经济结构的人。今天的学校已经落后于时代需求了，因为经济正在进行去规模化，正在发生变革，而大多数学校仍然像 100 年前那样运作。我们现在的教学方式已经不再适宜。在接下来的 10 年里，政策制定者和教育工作者们需要解决这个问题，使得教育与经济保持一致，并没有办法能够绕过这个问题。

10

去规模化时代新的商业组织形式

1837 年，即美国内战前 20 多年，威廉·波克特和他的妹夫詹姆斯·甘波尔在俄亥俄州辛辛那提市成立了一家公司，制造蜡烛和肥皂。那时候辛辛那提市的生猪屠宰贸易欣欣向荣，蜡烛和肥皂都是由这种贸易的副产品动物脂肪制成的。联合创始人给他们公司命名的方式也稀疏平常，即将两个人的姓氏放在一起：波克特和甘波尔。

这家公司起初发展得十分缓慢；到了南北战争期间，它与联邦军队签订了大量订单，销量大增。1878 年是突破的一年，因为报纸大批量到达消费者手中，同时铁路开放，能够有效地将产品运输到任何一个重要城市。据说，这家公司的一名化学家在午餐时间忘记关闭肥皂搅拌器，将超量空气搅入宝洁的白色肥皂里。

这些空气使得肥皂漂浮起来。公司便将这一产品命名为象牙，将它的英文印在商品上作为商标，并在全国销售这种浮皂。宝洁开始扩大规模。到了1890年，它在售的肥皂已经达到了30种。在1911年，它收购了科罗斯科（Crisco）起酥油，开始进军食品领域。第二次世界大战后，伴随消费市场的腾飞，宝洁推出了汰渍洗涤剂，这是首款专门用于自动洗衣机清洗衣物的流行皂。到了20世纪末，宝洁公司已经成长为贸易巨头，拥有超过300个品牌，年收入达370亿美元。宝洁公司成为全球企业的超级巨头之一。

2016年，分析公司CB视野发布了一张图画，描绘了去规模化公司攻击宝洁的全过程。它看起来像一群蜜蜂击倒一只大熊。[1]在那幅画里，宝洁公司似乎不再是一家规模庞大的、对初创公司拥有强大防御力的巨型实体，相反，它被绘制成大量个体产品，每一种产品在小型、去规模化的、敏捷的、AI驱动的、专注于产品的创业企业面前都十分脆弱。宝洁的吉列剃须刀正在遭受1美元剃须俱乐部和哈利之家的流行订购模式的挑战，后两者非常成功；一部分宝洁帮宝适一次性纸尿裤的买家转向诚实公司的环保纸尿裤；欣克思（Thinx）的“经期内裤”以全新的、前所未有的方式追逐宝洁的丹碧丝（Tampax）月经棉条；e沙龙的“客户定制”染发剂正在挑战宝洁公司的大众品牌伊卡璐（Clairol）染发剂。

CB视野将这一整体现象称为“各个击破宝洁公司”。它清晰地揭示出，这个时代是更有利于去规模化经济而非规模化经济的时代，每家大企业都将直面它。小型去规模化公司会在每一方面挑战大公司，通常它们的产品或服务更完美地针对某些特定类型的买家，这些产品能够战胜大众产品。如果去规模化的竞争者能够吸引到足够多的客户，那么规模经济将对现行大公司产生影响，因为将会有更少公司支撑得起成本高昂、规模庞大的工厂和分销体系，而反观去规模化公司，它们并不需要承担这些成本。

但是如果这成为新现实，那么AI世纪的公司能够做些什么呢？公司如何才能利用规模的逆过程，如何才能利用去规模化呢？

这并不容易，但一些具有前瞻性思维的公司会认识到正在发生的一切，并尝试做出回应。其中一个恰好是宝洁公司。约10年来，它一直在进行一项名为“联发”的项目。在经历了175年于公司内部研发大部分新产品的经历后，公司的高管们逐渐认识到，在宝洁公司外部可能比内部拥有更多聪明的发明者，而互联网为外部的发明者提供了一条与宝洁互联的通道。该项目邀请任何开发出新产品的人提交设计，只要这些产品适合宝洁。虽然宝洁从未发表过这样的声明，“联发”已经成为该公司将自己打造为利基市场平台的一种方式，不仅有利于宝洁（它能够共享去规模化新产品的部分价值，而不是与这些产品进行竞争），也有利于创新者

（他们能够“租赁”宝洁的分销、销售和知识，以便将产品推向市场）。

联发并没有将宝洁从一家大规模公司彻底转变为新型的去规模化公司，但它已经将宝洁推向了正确的方向。根据 2015 年的一项研究，该公司的研发库中大约有 45% 的产品，其关键部分源自联发计划。[2] 宝洁未来的去规模化状态可能更像是巨大的消费品平台，持续进行大量小型、专业型的实体租赁，就像亚马逊网络服务模式有助于实体消费品一样。

通用电气是另一家历史悠久、经久不衰的公司，试图在演化为去规模化时代的过程中保持自身至关重要的地位。通用电气将它的大赌注压在 Predix AI 平台上。在通用的大部分历史里，它都在生产工业产品（复杂的机械设备，为大量业务奠定基础）。它建造了火车机车、飞机引擎、工厂自动化机械、照明系统等。在 21 世纪头 10 年，通用努力进军物联网，它正确地理解了一点，它的许多工业产品已经被装上了传感器以检测机器的效率和状态；同时，通过物联网，这些传感器能够将它们的数据通过云传回给 AI，使之更加了解机器。

Predix 的数据流能够帮助通用为其客户优化其产品。AI 从通用机车上学习到的内容，能够帮助铁路公司更好地操作其特定的通用机车。在去规模化的时代，通用也开放了 Predix 系统，因此他人便可以在此系统上进行构建。该公司将 Predix 称为“基于云的工业应用程序操作系统”。其他公司使用它来开发软件，这些软件能够学习如何更好地运营工厂。通用有一个 Predix 产品目录，能够为工业开发人员提供类似应用程序商店的功能。正如 Predix 博客所说的：“该目录包含超过 50 种服务和分析功能，旨在为你节省时间和精力，同时满足工业物联网的需求，而且，无论何时，只要你开发的东西能够被其他人重新使用，你都可以代表你的组织将它贡献给目录（甚至直接给通用 Predix 系统！）。”[3] 该公司甚至举办了一个名为 Predix 转型的会议，工业开发人员能够互相学习，帮助构建 Predix 的生态系统。

与宝洁公司的情况一样，Predix 本身并没有全面改革通用电气，但是它为通用提供了一个利用去规模化优势的途径，即通过使用它的各项功能和数据来创建其他人也可以租赁的平台。

2016 年，沃尔玛斥资 30 亿美元收购 Jet.com。（我们公司也是 Jet.com 的投资者之一。）正如第 8 章所讨论的，沃尔玛是规模产业中的巨头，面对去规模化的零售业正变得十分脆弱，这就是为什么它花费 30 亿美元收购一家试验公司。Jet.com 对于其他零售商来说是一个 AI 平台。它使用复杂的 AI 来根据许多因素持续调整价格，包括客户当时的订购数量，以及客户与产品的距离等。目标在于为消费者提供尽可能最低的价格，甚至比沃尔玛还要便宜。

大多数产品来自独立零售商，Jet 上销售超过 2 000 件商品。它吸引零售商的地方在于，Jet 本身并不会与商家竞争，而不像亚马逊，后者会与在亚马逊商城上销售产品的商家进行竞争。

所以，从一个角度来看，沃尔玛收购 Jet 是为了它的智囊团和创新科技。然而，从另一个角度来看，似乎沃尔玛正在尝试成为平台的策略。也许 Jet 将发展出一条路径，使得聚焦的小众消费者零售商能够租赁沃尔玛平台的力量，向任何地方的任何人销售实体产品。

在过去的 100 年里，随着逐步步入规模时代，小公司们当然继续存在着，很多公司甚至在保持小规模的同时兴旺发展。小企业是美国经济在整个规模时代的支柱力量。在 2010 年，根据美国人口普查局数据，全国约有 3 000 万家小公司，只有 18 500 家拥有超过 500 名员工。[4]

然而，在规模经济盛行的时代，大规模公司会直接与小公司展开竞争，这时候小公司通常难以获胜。只要想想在过去的 25 年里，美国许多小镇的大街上都难觅零售商身影，因为沃尔玛已经铲除了一切对手。

当我们开始去规模化的时候，我们将会看到与“大压小”相反的动态变化。在接下来的10年到20年里，依赖规模作为竞争优势的公司将越来越多地发现自己正被拔去尖牙，他们在面临专业性强的去规模化公司时将处于劣势地位。大公司不会消失，正如在上一时代里小公司也没有消失一样。但是不改变模式的大公司将发现它们的生意正逐步受损，一些当前的巨头将会垮掉。

《财富》500强中最卓越的领导者将在去规模化的时代里找到重塑公司的方案。我们很难确切地知道这将如何实现，但是我们能够看到一些今天正在显现的策略轮廓，正如宝洁、通用和沃尔玛的那样。以下是一些公司在去规模化时代里，保持不被淘汰、发挥重要作用的方式：

成为平台：这正是联发、Predix和Jet倚赖的方式。在第3章里，我讨论了电力公共事业如何向平台思维转变，使得电网成为能够支持数千个小型发电者的系统。在第6章里，我概述了大型银行平台，为像数字公司那样的小型、专业型财务应用程序服务。

这并不是说每家公司要么成为平台，要么就会消亡。但成功的平台策略似乎是去规模化时代的一条成长之路。平台可以获得巨大的利润并持久存在，因为众多公司依赖于平台来实现自己的成功。这就是为什么亚马逊AWS云平台已经成为亚马逊的盈利引擎，营业毛利润达到23.5%，而亚马逊零售业务的营业毛利润约为3.5%。[5]

生气勃勃的公司已经花费了数十年时间扩大规模，高度针对所在的行业。它们建立了高效的工厂、分销渠道、零售店、供应链、营销技巧和全球合作伙伴关系。但是现在，它们需要问问自己，是否能够能够轻易而精妙地将自己的这些能力租赁给他人，就好像亚马逊 AWS 云平台将自身的计算能力租赁给超过 100 万活跃用户一样。

想象一下福特作为汽车制造平台，允许数百家小公司设计创新汽车，并将它们制造、销售、交付给其客户；所有这些都使得这些小型汽车制造商有效地服务利基市场。毫无疑问，我们会在路上看到一些非常有趣的新车。再想一想，倘若百威英博啤酒集团不再收购新的啤酒品牌，而是成为一个啤酒平台，使得小厂啤酒能够租赁它的功能，生产出新的啤酒，同时，只需要在网页上点一点便能将之推广销售，会是怎样的情形。

某种程度上，与科技公司在过去几十年里如何成为平台所相反的一面，是科技初创企业通常会从一些微小的事情起步，如用途单一的应用程序。脸书最初只是顶尖大学的社交网络。条码支付一开始只处理支付。伴随公司接触到大量客户，智能公司开始允许外部开发者和用户在他们的技术之上进行开发。脸书允许用户为企业和摇滚乐队创建页面，也允许游戏开发者和新闻媒体在其平台上发布内容。条码支付创建了连接平台，并拿出了千万美金资助在其平台上进行开发的公司，同时，它推出了阿特拉斯服务，该服务几乎能够为世界上任何地方的初创企业提供成立所需的一切，成为在美国注册成立的公司。条码支付联合创始人帕特里克·克里森说："伴随时间的推移，我们希望能够更多地管理生意和收入一类的事情，这样创业公司就可以专注于打造产品及其特殊性。"这是条码支付宏大而广博的目标，能够同时在充分利用和驱动去规模化的时代中帮助条码支付完美定位。

因此科技公司由下自上设计了平台。大公司需要努力实现相当前沿的一点——通过将自己与平台分割开来搭建平台。

顺便要提及的是，在平台业务中，通常一家公司会占据大部分市场。如前所述，只要看看微软、谷歌与亚马逊 AWS 云平台竞争的难度就可以明白了。因此，在任何单一市场领域，最先转化为平台的公司可能具有明显优势。如果我是一名《财富》500 强上榜公司的首席执行官，我会立刻研究平台趋势，并投资像联发、Predix 和 Jet 那样的初创平台。

从根本上关注产品：伴随公司变得更大，它的焦点常常在流程、官僚架构、政治、对股价的担忧以及一大堆不相关的纷扰中迷失，远离了为特定的、需要这种产品的人群打造优质产品的初衷。大公司试图创造出能够吸引绝大多数消费者的产品，因此它们便能实现规模经济，变得更为有利可图。但是在去规模化的时代，制造这种具有大众吸引力的产品正成为阿喀琉斯之踵，这种布局会被聚焦产品的小型竞争对手击败。

在去规模化时代里，大公司看起来更像是一个小型实体网络，每个实体都致力于制造出充分迎合一小部分市场的产品。企业所需做到的全部事宜最终都能通过租赁实现。几十年来，外包已经成为一种趋势，公司已经放弃了“非核心“业务，这就是为什么苹果或耐克将制造业外包给中国，为什么网飞在亚马逊 AWS 云平台上运营其流媒体服务，而不是自建数据中心。但下一代去规模化公司外包的内容会远远超过现在。薪资管理和其他人力资源职能可以从热忱公司（Gusto）等公司租赁，它们今天为小企业提供服务，但明天也能够处理大公司的业务。支付处理能够从条码支付等公司租赁。任何与开发卓越产品无关的事务都不再需要去花费心思。

新型管理团队将会引导这种产品密集型企业。在业务、产品和平台的运营过程中，普通人就能领导企业成功，而不再需要受过工商管理硕士项目培训的人。近期最成功的例子可能就是史蒂夫·乔布斯的苹果公司。苹果历史上并不算是去规模化公司，它非常迎合大众市场，是一家“你会喜欢我们说你喜欢你就喜欢”的公司。但乔布斯的苹果成了一家创建平台的公司，尤其是 iPhone、应用商店和 iTunes。所以大公司也能进行这种转变。

去规模化的态度几乎影响着公司的一切行为。它改变了公司雇用的人群——要聘用钻研产品的人，而非处理事务的人；也改变了哪种类型的投资者会购买它的股票。它将重点从品牌上转移，因为品牌是大众市场消费文化的产物，而将重点放在体验上。它由下而上改变了组织结构，产品创建者将推动决策，而高层管理者为他们提供平台基础。20 年后《财富》500 强公司可能规模更小，运转得更快，更像是小公司的网络而不是 21 世纪初的商业巨头。

通过动态再捆绑销售增进发展：在去规模化经济中，赢家会使每个人感觉自己是独特的市场。为个人量身定制的产品和服务会击败大众产品和服务。但是我能够预见到一种公司获得优势的方式，即将产品组合销售。一旦知晓客户是其某种产品的用户，公司就可以为该客户提供它们产品库里的其他产品，公司知道这种产品会适合他。实际上，大公司能够将产品捆绑在一起，为每位客户实现定制服务。

要想了解这将如何运作，就要看看诚实公司是如何发展的。到 2012 年，诚实公司开始通过订阅销售系列有机纸尿裤和湿巾。运营的第一年公司就赚到了 1 000 万美金。诚实公司赢得了一部分特定客户群，他们想要特定的产品，那些产品与大众市场品牌的不一样。公司利用这些经验以同样的形式开发其他产品，包括洗发水、牙膏和维生素。到了 2016 年，它已经拥有 135 个聚焦型产品了。那时候诚实公司就可以为特定顾客捆绑适合他们的产品套装，使得他们感觉自己是诚实公司独特的用户。在 2016 年，它的销量超过 1.5 亿美元。在某种程度上，诚实公司已经成了一家迷你宝洁，提供各种商品，但又与后者大大不同。诚实公司了解它的客户，并可以为他们组合适合他们的各种产品。宝洁的每款产品都是独立品牌，它们在商店里售出，而宝洁永远不会像诚实公司那样知晓或了解它们的购买者。

这种重新捆绑组合使得公司能够模拟规模的优势，而无须在实际上自行建立规模。这种公司能够保持灵活与创新，专注于产品，并利用自己的数据库向每位个体客户扩大销售。因此，“明日宝洁”能够在成为数千种产品聚焦型实体平台的同时，智能地了解每位客户，并为他们根据需求动态重组捆绑销售的产品套餐。这在我看来就是最明智的公司在去规模化时代运作的方式。

如果你想要初步一窥未来的公司，先要了解亚马逊背后的精神，再密切关注我们公司所资助的“海龟计划”(All Turtles) 试验。

在 2017 年年初，亚马逊首席执行官杰夫·贝索斯在致股东的公开信中介绍了一个他称之为“第一天”的理念。他写道：“我一直在提醒人们，今天是几十年（这正是亚马逊成立以来的全部年月）来的第一天。我工作的亚马逊大楼名叫“第一天”，当我搬楼的时候，我将这个名字一并带走。我花费时间思考了这一主题。”[6]

亚马逊是一家大公司。仅在2016年第四季度，它的收入就达到了437亿美元。当贝索斯发表公开信的时候，亚马逊的市值约为4 340亿美元，它已成为仅次于苹果、字母表公司和微软的美国第四高市值公司。然而，贝索斯致力于确保亚马逊在去规模化进程中的领先地位。贝索斯写道，第一天意味着在亚马逊内部持续造创新的、灵活的、以产品为中心的业务，这些业务能够快速在亚马逊的企业平台上建立，并感觉那是它们诞生的第一天。对于贝索斯来说，第二天是指企业因其规模而陷入停滞。

贝索斯如何应对这种情况呢？他在信中承认：“我并不知道全部答案，但是我可能知晓它的部分内容。”他提出了四点能够“捍卫第一天理念的‘新手必备’”原则。它们与我们所了解的去规模化紧密相关。

第一点是“客户至上”。在去规模化的时代，制胜的产品会让你感觉自己是独一无二的用户。要实现这一点需要对用户有充分的了解，并愿意打造能够完美切合特定需求的市场，无论这个市场的体量有多小。大公司通常都做不到这一点。相反，它们都在努力生产适合最广大群体客户的产品。贝索斯写道："保持第一天需要你耐心地试验，接受失败，播撒种子，保护树苗，并在看到用户喜悦的时候倍加努力。"由于这种方法，亚马逊多年来为我们带来了诸如kindle、亚马逊AWS云平台和亚历克莎这样的产品。这家公司似乎始终在保持更新。

贝索斯的第二点策略是"抵制形式主义"。大规模公司可能因为管理无关紧要的事情而迷失方向。一个例子就是"流程"。为了管理庞大的企业帝国，公司为员工创建了需要遵循的流程。贝索斯写道，太多情况下，"流程成了一桩事。你不再注重结果，只是确保自己完成了这一过程"。另一种不良的形式主义表现为利用市场调研代替从实际层面了解用户。"你作为产品或服务的所有者，必须了解用户，你应当有眼光，并且热爱自己的产品。"这听起来像是专门为创业公司提出的指导。贝索斯希望亚马逊成为初创公司的聚集地。

第三点是"追随外部趋势"。正如贝索斯所说："大趋势并不难发现（人们常常谈论它们，或者撰写相关文章），但是对于大型组织而言，它们可能极难被接受。"举个例子，报纸企业早就嗅到了互联网的到来，然而等到它们拖延着要上线的时候却为时已晚。如果大公司作为一系列灵活的小型公司阵地而运营，小公司便更可能根据爱好变化而发现、应对新技术。

第一天原则的最后一点是关于"高速决策"的。它正适合去规模化的剧本。正如贝索斯所写的，"绝不使用一刀切的决策过程"让更小的单位根据它们的洞察力和它们顾客的实际情况做出自己的决定。公司的规模越大就越复杂，因此公司决策也就显得更复杂。高管们认为他们在做出决定之前需要大量投入和信息。这些都会导致停滞和第二天的到来。公司需要像第一天那样做决策，如果决策被证明是错误的话便继续修正更迭、向前发展。

正如贝索斯承认的那样，这些概念在描述巨型公司如何像去规模化组织一样运行方面，尚处于起步状态。但是贝索斯当然认为今天的公司必须像去规模化组织那样运行。

这就将我引导了关于海龟计划的话题。这是我们公司在 2017 年春季启动的一项实验，我们不知道最终结果会是什么。但这是一项赌注，关乎去规模化时代企业的未来，也关系这本书中的许多概念。

海龟计划是菲尔·利宾的点子，他在加入通用催化风投之前，曾在印象笔记担任 8 年的首席执行官。在公司周围，我们经常谈论去规模化，以及它对商业形式、结构的意义，对风投模型的影响。如果将去规模化放到它的逻辑结论中去看，你可能会想知道为什么还要创办公司，拥有创新产品理念的人去租赁公司就够了。换句话说，创新者应当让其他人来替他在可供租赁的平台上租赁所需的一切，包括云计算、财务、支付、工程、营销、分销和法律支持等。创新者所需做的一切只是开发产品，其他的交给平台去做就可以了。

但是我们想知道，是否有办法做到这一点，且能够让创新者从平台上的共同业务中受益呢？我们正在寻找风险投资和亚马逊第一天理念在去规模化方面，最完美的结合方式。

菲尔想出了他称之为工作室模式的方案。我们认为它就像HBO和网飞经营的现代电视工作室。人们带着好的点子来到工作室。如果工作室喜欢它，便会说："好的，我们将会投资这个试验计划，并集合专业人员来进行制作，如果我们喜欢这个计划，我们拥有平台（工作室和分发系统）制作连续剧并将它们投放至观众面前。"作为创意者，你并不需要雇用团队、筹集资金、寻找办公场地，或其中的任一项，你只需要进行创造，其他的就交给平台吧。

但我们也希望海龟计划能做到更多。希望这些工作室能成为实体，让我们的创新企业家们在这里工作、交互合作。利宾计划将这些工作室开遍全球。实际上，我们希望吸收全世界的好创意而不仅仅把目光锁定硅谷。此外，我们希望所有的创新企业家都能在整个生态系统中拥有一席之地。所以如果你参与了海龟计划，你可能主要拥有某个项目的股份，但你也可以获得所有项目池里的部分股权，这是为了激励你帮助海龟计划集体中的其他人。

菲尔说："我们将之称为团体，如果你参与其中，便有权决定其他人能否加入。我们认为能够通过更忠诚的架构部分取代公司的概念。你忠于自己的团队。我们的目标是让最优秀的人开发最优秀的产品，并将业务大大拓展到提高谁来管理各项事宜，什么样的产品能赢得投资。"

如果它是有效的，在几十年里，海龟计划将成为巨大的全球性企业，同时，也将成为完全去规模化的企业。到那时，它将成为另一种形式的商业组织，一种平台、企业的混合体，即以产品为中心、高度针对特定客户的小型企业，依托像全世界的商业巨头那样的平台。

要记住，公司也不是在亚当和夏娃的年代就产生了的。它是工业时代的产物，它的创立是为了和谐地管理规模、处理各种复杂的事务。公司既促成了规模，又是规模的产物。去规模化的时代需要新的结构是能说得通的。也许它看起来像海龟计划，也许它会像尚未出现的某种形态。但可以肯定的是，某种商业组织形式将在不久的将来出现。

11

人人都是解锁去规模化力量的创业者

我有三个孩子。当我撰写本章的时候，他们的年龄分别为 13 岁、8 岁和 3 岁。向去规模化经济转型的过程将对他们的生活产生重大的影响。那么我将如何告诉我的孩子有关教育、事业和生活的事宜呢？他们的经历与我所了解的可能完全不同。例如，考虑到孩子们的年龄，我认为最年长的孩子可能仍然觉得去传统 4 年制大学学习是通往社会的最佳途径，但我不确定，这一切对于我最年幼的孩子来说，是否还适用。等到他们读大学的年纪，去传统大学上课可能不再是最优选择。

我们考虑教育的方式需要改变，是因为我们考虑工作的方式也需要改变。它们是同步变化的。实际上，关于去规模化时代的一个真相是，工作与教育将融为一体。我们先读 20 多年书，再工作一辈子的生活方式会显得愚蠢。相反，我们都将进行终身学习和工作，我们会在更年轻的时候便开始工作，并在之后的一生中不断学习全新的知识。

那么个人计划如何去应对去规模化经济呢？关键在于以我所说的富有创业者精神的方式去生活。

在 20 世纪，大部分人并没有过上创新创业的生活。当然，社会上不乏创业者，甚至那时候我们还没有将他们称作创业者。但是在规模经济里，人们通常会考虑找一份工作，开启自己的职业生涯。对于前几代美国人来说，通往成功的道路是良好的教育，在大公司里拥有一份全职工作，搭上公司晋升的阶梯，在 65 岁退休，领取养老金。到了当前的青壮年上了年纪的时候，这种终身战略将会错乱失衡。在接下来的几十年里，它将完全分裂。

请记住，全职工作并不是人类存在以来的自然状态。在 19 世纪中期之前，很少有人每周规律地工作。早期的工业家们想到了这个概念，是因为他们需要在统一的时间里将工人们聚集在一起，以便有效地生产产品；或是将他们同时聚集在一间办公室里，因为唯一的协作方式便是让人们坐在同一间房间里。在过去的 100 年里，每周上 40 小时班是工作生活的核心，因为没有更好的办法让人们同时聚集在一个地方完成某项工作。

几十年来，大公司始终将员工作为建设规模的一部分，如果它们在扩大规模，持续拓展公司的业务，并建立更高的准入门槛，它们就需要员工，大量的员工。过去的公司会留住他们所拥有的员工，并雇用更多员工。关键点在于“变得更大”。

在去规模化的经济中，保持初创企业的精神（或者，用杰夫·贝索斯的话来说，始终处于第一天）是更好的策略。最好将核心劳动力控制在较小的范围内，再通过租赁的方式完成其他工作，包括通过向 Upwork 这样的网站或者工会租赁技术和劳动力，再从热忱公司和条码支付等公司租赁能够通过软件自动实现的功能。网络、云计算、软件、3D 打印技术和其他新技术使来自世界各地的人和小公司能够携手协作，哪怕不在同一个地方也能共同完成某些工作。

大工厂和办公室将让位于云端独立、分散的工作，工作总是根据当时的需求变化。

对于很多人来说，20 世纪式的全职工作将会消失。在某一单一领域沿着既定的路径发展的职业概念将随之消失。我们已经在社会中感受到这一切了。工厂开始出现这种情况，由于自动化和外包，工人被解雇；伴随零工经济的兴起，人们利用拼凑的方式组合出谋生的新方式。去规模化不仅在拆分公司，它也在拆解工作。就业市场同其他的一切一样，成为面向个体的市场。雇主并不总是需要你全部的技能或时间，通常只需要你在特定的时间段完成特殊的事情。

工作朝着去规模化和拆解化发展的趋势只会加速。没有政客能够阻止它，虽然有些人可能有能力减缓它的速度。作为新兴的去规模化经济中的个体，你的最优选择不是去对抗即将到来的大势，而是去利用它。尽管去规模化正在侵蚀旧式职业的安全感，新的机遇也同样正在出现取而代之。

你在这本书里一再读到，去规模化使得人们能够更容易地开展业务，租赁规模进行竞争。这意味着任何有想法的人都能够在投入不大的前提下，迅捷地开展业务。首先，在去规模化时代，成功人士都具有创业素质。他们不会都像马克·扎克伯格那样花费数年精力来创办一家公司；但许多人会开创多元的小型企业贯穿他们的职业生涯。我们将过上更富创业者精神的生活，这一想法已经成为科技圈的共识。2012 年，领英联合创始人里德·霍夫曼和本·卡斯诺查出版了《至关重要的关系》。他们在书中写道："每个人都是创业者。"他们说，为了促进你的事业在当今经济中的发展，你需要接受这种精神。如今，许多书籍和自助研讨会都表达了相同的观点，而且理由充分。这是在去规模化经济中取得成就的方式。

成为创业者不仅仅意味着创办公司。科技平台正在建立各种各样的方式助你推销自己和你的资产。我们已经看到了它运行的方式，举个例子，爱彼迎让人们通过租赁空房间来做生意，或是像转来转去（Getaround）这样的汽车共享平台可供人们出租私人汽车。当然优步为人们提供了一种通过开车赚钱的方式。像Upwork这样的平台允许个人以写手或程序员的身份出售自己的专业技能。塑造未来公司（Shapeways）允许任何人设计产品，进行3D打印并销往全球。所有这些都使得某一领域的专业人士能够拥有多来源收入的多面事业。

这是好是坏？它的结果取决于你如何看待。许多人会为丧失了企业工作的安全性、持续性、公司提供的福利以及其他方面而惋惜。然而，对许多人而言，要先获得一份不错的公司工作并不容易。而许多拥有公司工作的职业又感到自己死气沉沉，至少可以说，每天身陷朝九晚五的工作，无法点燃他们的激情。

伴随工作的去规模化，我们每个人都会拥有更多选择，选择在何时、何地工作。重要的是坚定地朝让你热血澎湃的方向前进。找到你真正想做的事情，特别擅长的事情，并将它们销售给所有感兴趣的人。去规模化为我们提供了机会，去做我们真正喜欢的事情。它使我们每个人都能控制自己的工作，并将更多落实福利和收入的责任转移到我们自己头上。这是需要承受的负担，是的，也是可以享受的自由。

虽然这种充满活力的创业生活会让老一代人感到痛苦，但我们知道年轻的劳动力们往往更喜欢工作不受拘束。未来职场

（Future Workplace）最近的一项调查发现，91% 的千禧一代希望一份工作的周期小于 3 年，他们希望有灵活的时间以及不受限制的工作场地。[1] 这些灵活的政策对于年轻一代而言比薪资更加重要。

全职工作会完全消失吗？不，但这些工作将与过去不同。正如热忱公司首席执行官约书亚·里维斯所说的，在去规模化经济中，小公司能够与大企业竞争最优秀的员工，正如去规模化使得它们能够与巨头竞争客户一样。因此，那些渴望全职工作的高效人士会在小型去规模化公司而非大企业找到工作。[2]

在这些小公司工作更像是加入社区而不是进入公司层级。社区期望你做出贡献，但没有人会命令你。你取得成功的责任将更多地落在自己的肩膀上而不是企业的头上。换句话来说，即使在“真正的工作”中，你也需要具备创业精神才能做好这份工作。

过上创业者的生活也是保持领先 AI 的方式。AI 将使得日常工作日益自动化，甚至有些工作是属于高薪专业人士的。华尔街交易员和放射科医生同卡车司机和零售店店员一样面临着工作被自动化取代的危险。AI 擅长学习如何去做人们已经做了一遍又一遍的事情。但是 AI 并不擅长发现新机遇，也不擅长发明新的工作方式。如果你始终富有创造力，那么 AI 幽灵不太可能会威胁到你。

那么，未来几年的工作将会是什么样子呢？生活很可能会像不断变化的鸡尾酒，充满了各种强度的工作、创业型企业、自由职业工作以及零散工作。相比于拥有一份职业，你将会拥有许多微型职业。相比于每周 5 天、每天 8 小时的工作安排，你将会在不同的日子里于任何场所工作不同时长。在一二十年里，你可能会通过自家屋顶的太阳能电池板销售多余的电力来赚取额外费用，也可能会购买一辆自动驾驶汽车，让它在你不需要的时候为你独立在优步上提供服务。如果你将所有这些活动加在一起，你将会成为一个不断发展的多面创业者。

正如之前所讨论的那样，政策制定者必须帮助工作群体实现跨越，从正在衰落的、规模化世界的全职工作，逐渐过渡到正在出现的、去规模化世界的创业型工作。如果社会做不到这一点，而 AI 却能够一项项地承接常规工作，那么我们将遗留一个庞大的失业阶层，从这一点出发，我们就有必要考虑在普遍范围内发放某种基本津贴。

解决方案在很大程度上可能类似于可汗学院所提供的在线教育，但这是一个我们必须解决的复杂问题。正如几代之前，学校和培训机构兴起，引导曾经的农业人口进入工业时代一样，新的实体需要得以发展，来引导人们进入创业时代的生活。

这又将话题扯回到教育上。如果你的职业生涯正在转变为某一终身创业事业，你将如何看待学校和学习呢？

我的孩子们在我帮助萨尔·可汗成立的学校里就读，它实际上也位于加利福尼亚州的山景城，被建作可汗学院的总部。我们正试图打造合时宜的学习课堂，为培养下个时代的学生做好准备。它积极地采用科技帮助学生们按照自己的进度学习学术材料，正如我在教育那一章中所描述的。然后，学校鼓励学生们在团队中解决问题，以便他们学习如何合作，就好像他们要共同创业或者解决某个项目的难题一样。教师们成为教练和指导，向学生们展示如何学习，如何合作。

我相信学生们在可预见的未来仍然需要亲自去教室上课（而不是通过在线课程在家中进行远程学习），但是课堂的角色需要转变。我希望我的孩子能够从老师和其他学生那里学习社交、情感和领导技巧。然后，他们需要学习如何从可汗学院、麻省理工学院或斯坦福大学的课程，或原始数据和软件等在线资源中找出知识讯息。这种技术使得学生能够按照自己的进度进行学习，并搜索他们热衷的话题。

最重要的是，课堂应当将所有这些元素结合在一起，这样学生就能学会系统地思考。数学、地理和历史等每个学科不应该成为学习中的孤岛，学生需要学习如何将所学结合起来，与他人合作解决现实问题。这就是系统思考的全部意义所在。

现在，大部分人并没有条件将他们的孩子送到我们孩子的这种实验学校来。但思考出一种有助于培养孩子、为未来的几十年做准备的做法，仍是有价值的。每位家长都应当推动自己孩子所在的学校以新的方式教学，这种方式提前预见到去规模化经济，远离了那种长期以来为了扩大办公室和工厂规模而输出学生的教育模式。

高中毕业之后，学习和工作需要同步进行。我们需要修正在年轻的时候学习，然后工作一辈子的想法。第 5 章是关于通过云端进行终身教育的，这将在我们的职业生涯中发挥重要作用。我们需要不断跟上技术和新信息的变化。同时，我们要选择不断学习来满足自己不断变化的热情。你可能会在早期喜欢上某种工作，但后来又想学习新的领域。在线学习将会允许我们接受严肃的教育，它将为我们的职业生涯储备燃料，持续为我们的工作生活提供支持，让我们不断进步。

这是一种更好的生活方式。规模经济让我们顺应它，我们的工作是服务于大规模的公司。很多从事那些工作的人已经机械地工作了许多年，做他们必须做的事情来获得薪水。然而，去规模化经济会顺应我们。它让我们有机会选择心之所向（发展成超级实体），并为之找到市场，这样我们中的更多人就会从事我们真正想做的工作，学习我们真正想学的东西。

两种技术将对工作产生巨大影响：AI 和 VR。你将如何看待这些发展呢？

AI 世纪的成功人士将专注于利用独特的人力优势（如社交互动、创造性思维、复杂投入决策、同感和质疑等）的工作。倘若没有数据，AI 则无法思考，它是根据你已经在脸书上浏览的东西来预测你可能感兴趣的内容的。它无法预测你完全一时兴起的事物，这与你过去的行为似乎毫无关联。只有人类才能进行创造性地思考。正如作家凯文·凯利所说，在自动化时代最具价值的人将是能够提出最有趣问题的人。[3]

AI 的支持者表示，它将协助我们，而不是与我们竞争。癌症研究员 M. 索莱达·塞佩达在她的研究中谈到了 AI。[4] 她说，AI 软件能够在两秒钟内分析出研究助理需要花费两周才能完成的数据和文本。这解放了助理们，使得他们能够去做更多思考性的工作，加快了科学家们寻求治疗的研究。

因此，我相信在未来的20年里，最成功、最有影响力的人将是那些懂得如何与AI合作的人。这项技术看起来很可怕，但它也是人类有史以来发明的最强大的工具。能够将AI与他们独特的人类思维联系起来的人将解决重大问题，创造我们今天无法彻底理解的事物。这是我对任何人最大的职业建议：学习如何使用AI来帮助你实现梦想。

说来也怪，虽然媒体上的故事引发了人们对AI的警示，但我更担心VR对我们可能造成的影响。

毫无疑问，VR体验终将媲美现实世界的体验。只要看看当今电子游戏电影般画质给人的现实感，再想象一下沉浸于这样视觉效果惊艳、反应迅速敏捷的世界中的感受。现在继续想象，其他人与你共处于那个世界，你们可以进行交谈，接触彼此，一起工作或运动。VR在21世纪20年代将会变得更先进。

那个世界将充满商机。你将会购买软件，创造你在虚拟世界中所需要的某种事物，可能是衣服、更快的反应力或者前往某个炫酷的夜总会。哪里有商机，哪里就有工作。虚拟世界中的那个"你"（你的化身）会出售这些衣服，训练其他人的化身如何使用通过软件强化的反应力或者经营炫酷夜总会。

很多人很可能在这些VR世界中花费越来越多的时间。想象一下父母对于青少年花费数小时玩电子游戏时的忧虑，VR世界的诱惑将会更大，特别是对于那些寻求逃离现实世界的人来说。如果有人在 VR 世界有工作和朋友，并喜欢待在里头，那么他们怎么还会在现实世界花费很多时间呢？正如尼尔 . 斯蒂芬森《雪崩》这类小说在很久以前就预测的那样，可能会有大量人沉迷 VR，放弃现实世界。

这将引发一系列关于存在的问题。如果我们在 VR 中建立了一个替代社会，这对于现实社会（甚至基本的人类价值观）意味着什么呢？（你能否在 VR 世界杀死其他人的替身，而不用承担任何后果？你在电子游戏中可以这样做，但倘若化身关乎你、你的工作、你的人际关系呢？局面是否会不同？）如果从现实世界的困难中退却变得太容易，会发生什么？我们还会那么关心全球变暖，保护美丽的风景，或者我们的邻居有没有说句好话吗？人们会在 VR 中找到人类接触的替代品后便放弃与其他人在现实世界的联系吗？

VR 是一项令人惊叹的、颇有前途的科技。我确信我将继续投资这一领域，鼓励人们去理解它，并创建开发该技术和以该技术为基础的公司。VR 在教育领域也将发挥重要作用。我希望我的孙子们能够通过虚拟地生活在大萧条时代，感受在那些条件下试图找寻工作的状态，以此来学习那个时代。对于娱乐、运动和新闻而言，它将是颇具魅力的新媒体。向前进，成为 VR 将创造的机遇的一分子。当然，我的部分观点也是，请别把它做得太过逼真。

我不会问我的孩子他们长大后想做什么，现在这是一个徒劳的问题。相比于20世纪初以来的任何时刻，我们所解锁的技术和去规模化的力量正在无比深刻地改变着世界。今天一些报酬颇丰、有利可图的工作将在20年里消失。而我们现在几乎无法想象的全新的工作将会成为2030年的热门。对于任何人来说，最佳策略是保持好奇心、凌云壮志和很强的适应性。计划进行终身学习，从事多种工作，拥有不同的职业。向自己承诺你将关注自己的热情所在，追寻自己的事业。

当我长大的以后，我甚至不知道自己想要成为什么样的人。AI和去规模化将改变我投资创业公司的业务，但我觉得这是令人振奋的。我羡慕上一代人，他们与科技共同成长，自动化从玩具扩展到改变生活的机器，飞行从科学实验成为每个人都能经历的事情，学习世界的方式从书本上的文字、图画进阶到收音机里的声音，继而到电视上的图像。现在我也成了与科技共生的人，成了与上一代局面相似的科技、商业、社会新时代的一部分。

总而言之，我是一个乐观主义者。一个多世纪以来，规模经济给我们带来了很多好处。我相信AI世纪的去规模化经济将会更好。未来20年的目标是建立新的系统，使我们快乐，做我们想做的事情，创造我们认为不可能的事物，让世界保持和平与繁荣。看一些新闻会觉得这看起来很牵强。但我相信我们正处于非凡时期的开端，我迫不及待地想要成为其中的一员。

致　谢

我的工作总是充满协调与合作的过程，这本书也不例外。我要感谢许多人促成了这本书。

首先我要感谢我的妻子杰茜卡，让我能够不必照看我们的孩子阿贾伊、艾丽娅和伊莎贝拉，尤其是在周末。使得这本书被视为我繁忙日程的重中之重。

我很感激我在通用催化风投的合作伙伴们的支持与投入。我还要感谢我们投资的企业家们，感谢他们的眼光，也感谢他们愿意分享自己的故事。关于他们很多故事你都可以在本书中读到。

本书得以成形，我要特别感谢克莱尔·贝克、朗达·斯科特、斯潘塞·拉扎尔斯科特、艾尔玛安·阿里，他们都是通用催化风投团队的一员，感谢他们从研究到统筹支持的付出和帮助。

还要感谢哈佛商学院的吉姆·卡什教授和美国商务部前官员吉姆·霍克，感谢他们帮助我们进行思考；也要感谢我们的出版代理人吉姆·莱文，感谢他从一开始就给予的指导；还要本书的编辑约翰·马哈尼，感谢他从头到尾帮助我们审阅本书。

感谢丹尼·克莱顿，感谢他在 2013 年帮助我将去规模化经济的原始论文发表在《哈佛商业评论》上。

当然，如果没有我的合著者凯文·梅尼便不会有这本书。正是凯文在阅读了那篇论文后鼓励我撰写本书，他在推动本文的核心思路上发挥了关键作用。

赫曼特·塔内佳

2018 年于加利福尼亚州帕洛阿尔托市

注释

一　了不起的去规模化

1 Glen Tullman, interview with Kevin Maney, November 3, 2016.
2 **more than 2.5 billion people in 2016:** Mary Meeker, "2016 Internet Trends Report," Internet Trends 2016—Code Conference, June 1, 2016, www.kpcb.com/blog/2016-internet-trends-report.
3 **eighteen months for the same price:** Actually, when Gordon Moore first described what ultimately became Moore's Law, he believed computing power would double every two years. The pace of change proved so rapid, however, that he revised it to every eighteen months.
4 **"resistance of the established paradigm":** Carlota Perez, *Technological Revolutions and Financial Capital: The Dynamics of Bubbles and Golden Ages* (Northampton, MA: Edward Elgar Publishing, 2003), 151.
5 **work currently done by humans:** Carl Benedikt Frey and Michael Osborne, "The Future of Employment: How Susceptible Are Jobs to Computerisation?" (Oxford: Oxford Martin School, University of Oxford, 2013), www.oxfordmartin.ox.ac.uk/downloads/academic/The_Future_of_Employment.pdf.

二 AI驱动的技术浪潮与规模化经济

1 Solomon Fabricant, “The Rising Trend of Government Employment,” National Bureau of Economic Research, New York, 1949.

2 Ben Popper, “First Interview: Chris Dixon Talks eBay’s Purchase of Hunch,” *Observer*, November 21, 2011, http://observer.com/2011/11/chris-dixon-ebay-hunch.

3 Michael Kanellos, “152,000 Smart Devices Every Minute In 2025: IDC Outlines the Future of Smart Things” *Forbes*, March 3, 2016, www.forbes.com/sites/michaelkanellos/2016/03/03/152000-smart-devices-every-minute-in-2025-idc-outlines-the-future-of-smart-things/#acfb0a34b63e.

4 Michael Kanellos, “The Global Lighting Market by the Numbers, Courtesy of Philips,” Seeking Alpha, October 23, 2008, https://seekingalpha.com/article/101408-the-global-lighting-market-by-the-numbers-courtesy-of-philips.

5 John Stackhouse, “Back Off, Robot: Why the Machine Age May Not Lead to Mass Unemployment (Radiologists, Excepting),” Medium, October 29, 2016, https:// medium.com/@StackhouseJohn/back-off-robot-why-the-machine-age-may-not-lead-to-mass-unemployment-radiologists-excepting-6b6d01e19822.

6 Surya Ganguli, interview with Kevin Maney, July 13, 2016.

7 Julie Sobowale, “How Artificial Intelligence Is Transforming the Legal Profession,” *ABA Journal*, April 1, 2016, www.abajournal.com/magazine/article/how_artificial_intelligence_is_transforming_the_legal_profession.

8 Courtney Humphries, “Brain Mapping,” *MIT Technology Review*, www.technologyreview.com/s/526501/brain-mapping.

9 Jeff Hawkins, interview with Kevin Maney, June 22, 2016.

10 David Kosslyn and Ian Thompson, interview with Kevin Maney, July 1, 2016.

11 Kevin Maney, "Afraid of Crowds? Virtual Reality May Let You Join Without Leaving Home," *Newsweek*, July 30, 2016, www.newsweek.com/afraid-crowds-virtual-reality-without-leaving-home-485621.
12 Philip Rosedale, interview with Kevin Maney, August 19, 2016.
13 "Interstate Highway System," Wikipedia, https://en.wikipedia.org/wiki/Interstate_Highway_System.
14 Max Friefeld, interview with Kevin Maney, 2017.
15 Bernard Mayerson, "Emerging Tech 2015: Distributed Manufacturing," World Economic Forum, March 4, 2015, www.weforum.org/agenda/2015/03/emerging-tech-2015-distributed-manufacturing.
16 Peter H. Diamandis and Steven Kotler, *Abundance: The Future Is Better Than You Think* (New York: Simon and Schuster, 2015), Kindle location 268.
17 Perez, *Technological Revolutions and Financial Capital*, 153–154.

三 能源业与运输业的去规模化

1 Naimish Patel, interview with Kevin Maney, November 15, 2016.
2 Max Roser, "Energy Production and Changing Energy Sources," Our World in Data, https://ourworldindata.org/energy-production-and-changing-energy-sources.
3 Elon Musk, "Master Plan, Part Deux," Tesla, July 20, 2016, www.tesla.com/blog/master-plan-part-deux.
4 Tom Turula, "'Netflix of Transportation' Is a Trillion-Dollar Market by 2030—And This Toyota-Backed Finnish Startup Is in Pole Position to Seize It," *Business Insider*, July 2, 2017, http://nordic.businessinsider.com/this-finnish-startup-aims-to-seize-a-trillion-dollar-market-with-netflix-of-transportation--and-toyota-just-bought-into-it-with-10-million-2017-7.
5 "Grid Modernization and the Smart Grid," Office of Electricity Delivery and Energy Reliability, https://energy.gov/oe/services/technology-development/smart-grid.

6 "MIT Energy Initiative Report Provides Guidance for Evolving Electric Power Sector," Massachusetts Institute of Technology, December 15, 2016, https:// energy.mit.edu/news/mit-energy-initiative-report-provides-guidance-evolving-electric-power-sector.
7 Ramez Naam, "Solar Power Prices Dropping Faster Than Ever," Ramez Naam, November 14, 2003, http://rameznaam.com/2013/11/14/solar-power-is-dropping-faster-than-i-projected.
8 Rob Wile, "How Much Land Is Needed to Power the U.S. with Solar? Not that Much," *Fusion*, May 10, 2015, http://fusion.net/how-much-land-is-needed-to-power-the-u-s-with-solar-n-1793847493.
9 Diamandis and Kotler, *Abundance*, Kindle 204. "Since humanity currently consumes about 16 terawatts annually (going by 2008 numbers), there's over five thousand times more solar energy falling on the planet's surface than we use in a year."
10 Jeffrey Michel, "Germany Sets a New Solar Storage Record," *Energy Post*, July 18, 2016, http:// energypost.eu/germany-sets-new-solar-storage-record.
11 Quentin Hardy, "Google Says It Will Run Entirely on Renewable Energy in 2017," *New York Times*, December 6, 2016, www.nytimes.com/2016/12/06/technology/google-says-it-will-run-entirely-on-renewable-energy-in-2017.html?_r=0.
12 Tom Randall, "World Energy Hits a Turning Point: Solar that's Cheaper Than Wind," *Bloomberg Technology*, December 15, 2016, www.bloomberg.com/news/articles/2016–12–15/world-energy-hits-a-turning-point-solar-that-s-cheaper-than-wind.
13 Christopher Mims, "Self- Driving Hype Doesn't Reflect Reality," *Wall Street Journal*, September 25, 2016, www.wsj.com/articles/self-driving-hype-doesnt-reflect-reality-1474821801.
14 Kevin Maney, "How a 94-Year-Old Genius May Save the Planet," *Newsweek*, March 11, 2017, www.newsweek.com/how-94-year-old-genius-save-planet-john-goodenough-566476.

15 Katherine Tweed, "Utilities Are Making Progress on Rebuilding the Grid. But More Work Needs to Be Done, *Green Tech Media*, May 11, 2016, www.greentechmedia.com/articles/read/Utilities-Are-Making-Progress-on-Rebuilding-the-Grid.

16 Joanne Muller, "ChargePoint's New Stations Promise Fast Charge in Minutes for Your Electric Car," *Forbes*, January 5, 2017, www.forbes.com/sites/joannmuller/2017/01/05/chargepoints-new-stations-promise-fast-charge-in-minutes-for-your-electric-car/#7a769dee492d.

四 去规模化的新型医疗

1 **"bugs in him," Laraki jokes now:** Othman Laraki, interview with Kevin Maney, December 30, 2016.

2 **Disease Control and Prevention (CDC):** "Life Expectancy," Centers for Disease Control and Prevention, FastStats, www.cdc.gov/nchs/fastats/life-expectancy.htm.

3 **"attributed to waste, fraud and abuse":** Richard D. Lamm and Vince Markovchick, "U.S. Is on Fast Track to Health Care Train Wreck," *Denver Post*, December 17, 2016, www.denverpost.com/2016/12/17/u-s-is-on-fast-track-to-health-care-train-wreck.

4 **"added financial pressure on consumers":** Gregory Curfman, "Everywhere, Hospitals Are Merging—But Why Should You Care?" *Harvard Health Blog*, April 1, 2015, www.health.harvard.edu/blog/everywhere-hospitals-are-merging-but-why-should-you-care-201504017844.

5 **"to go to Mecca—the big hospital":** Tullman, interview.

6 **"the safest or best place to be":** Paula Span, "Going to the Emergency Room Without Leaving the Living Room," *New York Times*, November 4, 2016, www.nytimes.com/2016/11/08/health/older-patients-community-paramedics.html.

7 **president of the American Medical Association:** Laurie Vazquez, "How Genomics Is Dramatically Changing the Future of Medicine," *The Week*, August 2, 2016, http://theweek.com/articles/639296/how-genomics-dramatically-changing-future-medicine.

8 **"cancer immunology and immunotherapy":** Ibid.

9 **"or tying into lifestyle tools like Fitbit":** Jonathan Groberg, Harris Iqbal, and Edmund Tu, "Life Science Tools/Services, Dx, and Genomics," UBS Securities, May 2016.

10 **Cleveland Clinic's associate chief information officer:** Juliet Van Wagonen, "How Cleveland Clinic Stays on the Bleeding Edge of Health IT," *HealthTech Magazine*, March 9, 2017, https://healthtechmagazine.net/article/2017/03/how-cleveland-clinic-stays-bleeding-edge-health-it.

11 Laraki, interview.

12 Anthony Cuthbertson, "Plug Pulled on Robot Doctor After Humans Complain," *Newsweek*, March 30, 2016, www.newsweek.com/plug-pulled-robot-doctor-after-humans-complain-442036.

13 Nicholas J. Schork, "Personalized Medicine: Time for One-Person Trials," *Nature*, April 29, 2015, www. nature.com/news/personalized-medicine-time-for-one-person-trials-1.17411.

14 Kevin Kelly, *The Inevitable: Understanding the 12 Technological Forces That Will Shape Our Future* (New York: Penguin Group, 2016), Kindle edition, location 3521.

15 "Redefining the Future of Medicine: 72 Medical Device Startups Advancing Treatment and Prevention," CB Insights, September 15, 2016, www.cbinsights.com/blog/brain-scans-pacemakers-72-medical-device-startups-market-map-2016.

16 "PatientBank Is Creating a Unified Medical Record System," Y Combinator, August 10, 2016, https://blog.ycombinator.com/patientbank.

17 Kelly, *Inevitable*, Kindle 470.

18 Taylor Kubota, “Deep Learning Algorithm Does as Well as Dermatologists in Identifying Skin Cancer,” *Stanford News*, January 25, 2017, http://news.stanford.edu/2017/01/25/artificial-intelligence-used-identify-skin-cancer.
19 “11 Health System CEOs on the Single Healthcare Problem They Want Fixed Tonight,” *Becker's Hospital Review*, November 11, 2016, www.beckershospitalreview.com/hospital-management-administration/11-health-system-ceos-on-the-single-healthcare-problem-they-want-fixed-tonight.html.
20 David Cyranoski, “CRISPR Gene-Editing Tested in a Person for the First Time,” *Nature*, November 15, 2016, www.nature.com/news/crispr-gene-editing-tested-in-a-person-for-the-first-time-1.20988.

五 去规模化引领的终身学习

1 Sam Chaudhary, interview with Kevin Maney, January 13, 2017.
2 Ethan Forman, “ClassDojo App Helps Danvers School Keep Things Positive,” *Salem News*, March 27, 2017, www.salemnews.com/news/local_news/classdojo-app-helps-danvers-school-keep-things-positive/article_6cc9e48e-7496–56da-95e2-bb22b799231 1.html.
3 Peter Gray, “A Brief History of Education,” *Psychology Today*, August 20, 2008, www.psychology today.com/blog/freedom-learn/200808/brief-history-education.
4 “List of United States University Campuses by Enrollment,” Wikipedia, accessed April 2017, https:// en.wikipedia.org/wiki/List_of_United_States_university_campuses_by_enrollment.
5 Arnobio Morelix, “3 Ways Student Debt Can Affect Millennial Entrepreneurs,” Kauffman Foundation, May 27, 2015, www.kauffman.org/blogs/growthology/2015/05/3-ways-student-debt-can-affect-millennial-entrepreneurs.
6 Sal Khan, interview with Kevin Maney, June 24, 2016.

7 "Research on the Use of Khan Academy in Schools," SRI International, www.sri.com/work/projects/research-use-khan-academy-schools.
8 Harshith Maliya, "Can MOOC Platforms Galvanise Universal Education in India?" *Your Story*, April 28, 2017, https://yourstory.com/2017/04/coursera-nikhil-sinha.

六 金融业的去规模化浪潮

1 Ethan Bloch, interview with Kevin Maney, July 11, 2016.
2 Eugene Kim, "A 29-Year-Old Invented a Painless Way to Save Money, and Google's Buying into It," *Business Insider*, February 19, 2015, www.businessinsider.com/digit-ceo-ethan-bloch-interview-2015-2.
3 "A History of Federal Reserve Bank of Atlanta, 1914–1989," Federal Reserve Bank of Atlanta, www.frbatlanta.org/about/publications/atlanta-fed-history/first-75-years/the-bank-in-the-1960s.aspx.
4 "Credit Card," Encyclopedia Britannica, www.britannica.com/topic/credit-card.
5 Steve Schaefer, "Five Biggest U.S. Banks Control Nearly Half Industry's $15 Trillion in Assets," *Forbes*, December 3, 2014, www.forbes.com/sites/steveschaefer/2014/12/03/five-biggest-banks-trillion-jpmorgan-citi-bankamerica/#6db 9672db539.
6 David Pricco, "SEC's New Jobs Act Title III Crowdfunding Rules: Overview and First Thoughts," *Crowdexpert*, http://crowdexpert.com/articles/new_jobs_act_titleiii_rules_overview_first_thoughts.
7 Mike Orcutt, "What the Hell Is an Initial Coin Offering," *Technology Review*, September 6, 2017, technologyreview.com/s/608799/what-the-hell-is-an-initial-coin-offering.
8 Jon Russell, "First China, Now South Korea Has Banned ICOs," *Techcrunch*, September 28, 2017, https://techcrunch.com/2017/09/28/south-korea-has-banned-icos.

七 媒体的去规模化路径

1 Trey Williams, "More People Subscribe to a Streaming Service than They Do Cable TV," *MarketWatch*, June 9, 2017, www.marketwatch.com/story/more-people-subscribe-to-a-streaming-service-than-they-do-cable-tv-2017-06-09.

2 John Donham, interview with Kevin Maney, June 22, 2016.

3 Stacey Lynn Schulman, "A Closer Look at the Future of Radio," *Radio Ink*, June 30, 2016, http://radioink.com/2016/06/30/closer-look-future-radio.

4 "Newspapers," Encyclopedia.com, www.encyclopedia.com/literature-and-arts/journalism-and-publishing/journalism-and-publishing/newspaper.

5 Sam Lebovic, "The Backstory of Gannett's Bid to Buy Tribune," *Columbia Journalism Review*, April 29, 2016, www.cjr.org/business_of_news/frank_gannett_robert_mccormick_and_a_takeover_bids_backstory.php.

6 "Television Facts and Statistics—1939 to 2000," Television History—The First 75 Years, www.tvhistory.tv/facts-stats.htm.

7 Lara O'Reilly, "The 30 Biggest Media Companies in the World," *Business Insider*, May 31, 2017, www.businessinsider.com/the-30-biggest-media-owners-in-the-world-2016-5/#28-prosiebensat1-291-billion-in-media-revenue-3.

8 "State of the News Media 2016," Pew Research Center, June 15, 2016, www.journalism.org/2016/06/15/state-of-the-news-media-2016.

9 Annette Konstantinides, "Nice Work if You Can Get It: The World's Highest-Earning YouTube Stars Who Make Up to $15m a Year from Their Online Shows," *Daily Mail*, December 6, 2016, www.dailymail.co.uk/news/article-4007938/The-10-Highest-Paid-YouTube-stars.html.

10 “More Americans Using Smartphones for Getting Directions, Streaming TV,” January 29, 2016, Pew Research Center, www.pewresearch.org/fact-tank/2016/01/29/us-smartphone-use.

11 “Americans’ Trust in Mass Media Sinks to New Low,” Gallup, September 14, 2016, www.gallup.com/poll/195542/americans-trust-mass-media-sinks-new-low.aspx.

12 Raymond Winters, “Augmented Reality: Commercial and Entertainment Applications,” Nu Media Innovations, June 29, 2016, www.numediainnovations.com/blog/augmented-reality-commercial-and-entertainment-applications.

八 去规模化的力量：分割消费产品市场

1 Max Chafkin, “Warby Parker Sees the Future of Retail,” *Fast Company*, February 17, 2015, www.fastcompany.com/3041334/warby-parker-sees-the-future-of-retail.

2 Itamar Simonson and Emanuel Rosen, *Absolute Value: What Really Influences Customers in the Age of (Nearly) Perfect Information* (New York: HarperBusiness, 2014).

3 “List of Largest Consumer Markets,” Wikipedia, https://en.wikipedia.org/wiki/List_of_largest_consumer_markets.

4 Ashley Lutz, “The American Suburbs as We Know Them Are Dying,” *Business Insider*, March 5, 2017, www.businessinsider.com/death-of-suburbia-series-overview-2017-3?IR=T.

5 Jason del Ray, “Millennials Buy More Clothes on Amazon than Any Other Website,” *Recode*, March 9, 2017, www.recode.net/2017/3/9/14872122/amazon-millennials-online-clothing-sales-stitch-fix.

6 “Shrinking Farm Numbers,” Wessels Living History Farm, www.livinghistoryfarm.org/farminginthe50s/life_11.html.

九　人工智能、垄断平台和算法问责制

1 David Gershgorn, "Facebook, Google, Amazon, IBM, and Microsoft Created a Partnership to Make AI Seem Less Terrifying," *Quartz*, September 28, 2016, https://qz.com/795034/facebook-google-amazon-ibm-and-microsoft-created-a-partnership-to-make-ai-seem-less-terrifying.

2 Nanette Byrnes, "As Goldman Embraces Automation, Even the Masters of the Universe Are Threatened," *MIT Technology Review*, February 7, 2017, www.technologyreview.com/s/603431/as-goldman-embraces-automation-even-the-masters-of-the-universe-are-threatened/?utm_campaign=add_this&utm_source=twitter&utm_medium=post.

3 Nathaniel Popper, "The Robots Are Coming for Wall Street," *New York Times*, February 25, 2016, www.nytimes.com/2016/02/28/magazine/the-robots-are-coming-for-wall-street.html?_r=1.

4 "Occupational Changes During the 20th Century," Bureau of Labor Statistics, www.bls.gov/mlr/2006/03/art3full.pdf.

5 Yale Law School, Information Society Project, https://law.yale.edu/isp.

6 "ANSI: Historical Overview," ANSI, www.ansi.org/about_ansi/introduction/history.

7 Julia Belluz, "In an Amazing Turnaround, 23andMe Wins FDA Approval for Its Genetic Tests," *Vox*, April 6, 2017, www.vox.com/2017/4/6/15207604/23andme-wins-fda-approval-for-its-genetic-tests.

8 "Ethical, Legal and Social Issues in Genomic Medicine," National Human Genome Research Institute, www.genome.gov/10001740/ethical-legal-and-social-issues-in-genomic-medicine.

9 Adam Thierer and Michael Wilt, "The Need for FDA Reform: Four Models," Mercatus Center, September 14, 2016, www.mercatus.org/publications/need-fda-reform-four-models.

10 Erin Dietsche, "10 Things to Know About Epic," *Becker's Hospital Review*, January 20, 2017, www. beckershospitalreview.com/healthcare-information-technology/10-things-to-know-about-epic.html.

十　去规模化时代新的商业组织形式

1 CB Insights, "Disrupting Procter & Gamble: Private Companies Unbundling P&G and the Consumer Packaged Goods Industry," April 19, 2016, www.cbinsights.com/blog/disrupting-procter-gamble-cpg-startups.

2 Nesli Nazik Ozkan, "An Example of Open Innovation: P&G," *Science Direct*, July 3, 2015, www.sciencedirect.com/science/article/pii/S1877042815039294.

3 "Improving Speed to Development—Lessons Learned While Building Aviation Apps on Predix," Predix Developer Network, January 12, 2017, www.predix.io/blog/article.html?article_id=2265.

4 "Frequently Asked Questions," Small Business Administration, www.sba.gov/sites/default/files/FAQ_Sept_2012.pdf.

5 Alexei Oreskovic, "Amazon Isn't Just Growing Revenue Anymore—It's Growing Profits," *Business Insider*, April 28, 2016, www.businessinsider.com/amazons-big-increase-in-aws-operating-margins-2016-4.

6 Jeff Bezos, "2016 Letter to Shareholders," Amazon.com, April 12, 2017, www.amazon.com/p/feature/z6o9g6sysxur57t.

十一　人人都是解锁去规模化力量的创业者

1 "Multiple Generations @ Work," Future Workplace, http://futureworkplace.com/wp-content/uploads/MultipleGenAtWork_infographic.pdf.

2 Joshua Reeves, interview with Kevin Maney, April 15, 2017.

3 Kelly, *Inevitable*, Kindle 4211.

4 Darius Tahir, "IBM to Sell Watson's Brainpower to Speed Clinical and Academic Research," *Modern Healthcare*, August 28, 2014, www.modernhealthcare.com/article/20140828/NEWS/308289945.